Das Tonwerk im Rechtssinne

Von

Dr. Arthur Wolfgang Cohn

Berlin
Verlag von Julius Springer
1917

ISBN-13: 978-3-642-93938-9 e-ISBN-13: 978-3-642-94338-6
DOI: 10.1007/978-3-642-94338-6

Softcover reprint of the hardcover 1st edition 1917

Dem Andenken

meines Vaters

Professor Dr. Leopold Cohn

Inhalts-Übersicht.

Einleitung.

Tonwerk und Schriftwerk.

§ 1. In seinen Kritischen Bemerkungen zu dem Gesetzentwurf, der dem Literarisch-Musikalischen Urhebergesetz (LMUG) vom 19. Juni 1901 zugrunde liegt, tadelt Birkmeyer (S. 3) die gesetzgeberische Verschmelzung der Urheberrechte an Werken der Literatur und an Werken der Tonkunst, die wie vorher gesondert zu behandeln seien. Die Begründung S. 28 lehne das ab; denn

> „eine solche Einteilung hat Wiederholungen und zahlreiche Hinweise auf vorhergehende Bestimmungen zur Folge. Die Übersichtlichkeit wird erleichtert, wenn die Vorschriften in betreff sämtlicher Werke tunlichst vereinigt werden."

Demgegenüber beweise jedoch die Tatsache, daß mindestens 12 Paragraphen des Entwurfs[1]), im ganzen Entwurf zerstreut, jus singulare bezüglich der Werke der Tonkunst enthalten, die Unmöglichkeit, sie mit den Werken der Literatur innerlich zusammenzufassen.

Trotz dieser scharfen Kritik des Entwurfs ist im Gesetze die Trennung nicht vorgenommen: Werke der Literatur und Tonkunst sind formell einheitlich behandelt geblieben. Eine grundsätzliche Trennung erfahren die beiden Kategorien auf Grund des Gesetzes nur insofern, als nach den gemäß § 49 Abs. 3 LMUG erlassenen Bestimmungen des Reichskanzlers „für Werke der Literatur und für Werke der Tonkunst gesonderte Sachverständigenkammern gebildet werden" (§ 1 Satz 1). Doch

---

[1]) §§ 13 (Z. 4), 14 (Abs. 2), 19, 20, 21, 26, 32, 62 (Abs. 2), 66, 67, 68, 69; im Gesetz sind es (nach der Fassung vom 22. Mai 1910) sechszehn: die §§ 2, 11, 12 (Z. 4, 5), 13 (Abs. 2), 14, 20, 22, 22a, 22b, 22c, 24, 26, 27, 28, 61, 63a.

ist damit wenig erreicht, da „die Beurteilung reiner Rechtsfragen nicht zur Zuständigkeit der Sachverständigenkammern gehört" (Daude, S. 108). Zwar ist „keineswegs ausgeschlossen, daß die Kammern bei Beantwortung der ihnen vorgelegten technischen Fragen auch die in Betracht kommenden rechtlichen Umstände in den Kreis ihrer Erörterung ziehen"; indessen verhindern schon die Bestimmungen eine nennenswerte Ausdehnung des rechtlichen Teils dieser „Erörterung". Auf Grund des § 4 Ziff. 1 der Bestimmungen nämlich „haben die Kammern ein Gutachten nur abzugeben, wenn in dem Ersuchungsschreiben die zu begutachtenden Fragen einzeln aufgeführt sind"; also bleibt es dem Richter schon überlassen, worüber er die Kammern befragen will, ganz abgesehen von der ebenso in seinem Ermessen stehenden Würdigung des einlaufenden Gutachtens. Eine Folge hiervon ist, daß die Sachverständigenkammern, wenn die ihnen vorgelegten Fragen falsch formuliert werden, keine Möglichkeit haben, sie zu berichtigen; andere Beispiele für die geringe Bedeutung der abgegebenen Gutachten und die Verwirrung in diesen selbst vgl. unten §§ 4, 20.

So ist es denn eine wichtige Aufgabe der Rechtswissenschaft, das jus singulare, das sich im LMUG betreffs der Werke der Tonkunst findet, systematisch zusammenzustellen. Und doch ist diese seit Bestehen des Gesetzes bis heute, soweit bekannt, überhaupt noch nicht in Angriff genommen worden[1]). Vielmehr halten wie das Gesetz, so auch Kommentare und andere Bearbeitungen des geltenden Rechts mehr oder minder an der Verschmelzung des literarischen und musikalischen Urheberrechts fest: als an einem „Urheberrecht an Schriftwerken"[2]).

Hierin liegt der Hauptfehler der verhängnisvollen Verkettung, daß Gesetzgebung, Rechtsprechung und Wissenschaft durchaus der Musik einen Schriftwerkscharakter aufoktroyieren wollen. Beim Gesetz ergibt sich diese Absicht aus der Systematik. Nach § 1 LMUG werden geschützt: die Urheber von Schriftwerken und

---

[1]) Auch Freieslebens „Recht und Tonkunst" (1914) rechtfertigt mit keinem Satze die durch den Titel hervorgerufenen Erwartungen. Als frühere deutsche Sonderbearbeitungen des Urheberrechtes an Werken der Tonkunst verzeichnet Kohler in seinem „Urheberrecht" nur: Vesque v. Puttlingen, Das musikalische Autorrecht (Wien 1864); Schuster, Das Urheberrecht der Tonkunst in Österreich, Deutschland u. a. europäischen Staaten (München 1891).

[2]) Titel von Kohlers 1906 erschienenem Werke; vgl. auch in diesem Sinne Klostermann, S. 66, Dambach, S. 219.

gewissen Vorträgen oder Reden, von Werken der Tonkunst, von wissenschaftlichen oder technischen Abbildungen und von choreographischen und pantomimischen Werken, soweit der Vorgang festgelegt ist. Von den Abbildungen ist dabei gesagt, daß sie nicht als eigentümliche Kunstwerke, sondern nur etwa als Schriftwerksbestandteile oder -erläuterungen geschützt werden, von den Choreographien und Pantomimen ebenso, daß sie „wie Schriftwerke" behandelt werden. Und zu den vom Gesetz mit den Schriftwerken unter einer Ziffer verbundenen Vorträgen und Reden bemerkt Daude (S. 6): „Grundsätzlich gehören auch sie zu den Schriftwerken" (ebenso Allfeld, S. 46f., 53f., und die von ihm dort zit. Autoren, sowie R G Z Bd. XXII, S. 174). Daraus nun, daß das Gesetz alle übrigen Gegensätze des § 1 unter den Oberbegriff des Schriftwerks bringt, ist aber zu schließen, daß es auch die Tonwerke als Schriftwerke angesehen und grundsätzlich behandelt wissen will. Auch weiterhin ist im Gesetz sichtlich dieser Gedanke durchgeführt worden, soweit das möglich schien.

Tatsächlich sind indes die Begriffe Tonwerk und Schriftwerk, Literatur und Musik nicht kongruent, ja nicht einmal konzentrisch zu nennen, sondern sie verhalten sich nur etwa wie zwei ineinandergreifende Kreise. Auf der einen Seite reicht die Literatur, die nur teilweise in das Gebiet der Kunst zu rechnen ist, über die reine Kunst der Töne hinaus, auf der anderen ist die Mitteilbarkeit des Tonwerks, die rechtlich so wichtige Art der Erscheinung in der Sinnenwelt, gegenüber der des Schriftwerks erweitert. Der Inhalt der literarischen Schriftwerke wird in den meisten Fällen ausschließlich durch Lesen geistig aufgenommen, während beim Tonwerk zwar das Auge mitwirken kann, mindestens seine Funktion jedoch mit dem Ohr teilt, wo dieses nicht ausschließlich tätig ist. Was Kohler (im Urheberrecht, S. 184) meint, es seien „die wenigsten Personen in der Lage, Musiknoten zu lesen, d. h. durch Lesen das Tonbild in sich zu erwecken", ist noch zu viel. Gewiß ist es dem musikalisch gebildeten Menschen möglich, auch eine umfangreichere Partitur so zu übersehen, daß er durch Vermittelung des Auges einen inneren Eindruck des gesamten „Tonbildes" empfängt; man muß sogar zugeben, daß bis zu gewissen Grenzen die Musik beim Partiturlesen reiner und stärker wirkt als durch eine schlechte Aufführung. Aber selbst bei den oben genannten „Wenigsten" dürfte diese innere Vorstellungsfähigkeit gegenüber der Vielstimmigkeit moderner Orchesterpartituren (Richard Strauß'

Sinfonien) versagen; dann ist auch für sie eine Aufnahme nur durch physisches Hören möglich. Und sogar das wirkliche Lesen von Partituren wirkt musikalisch erst durch die Wandlung des geschauten Notenbildes in ein innerlich gehörtes Klangbild. Ein literarisch-dramatisches Kunstwerk kann zuweilen nur gelesen voll wirken („Faust"); ein Tonwerk aber, das nur auf dem Papier steht, ohne — von außen her oder innerlich — gehört werden zu können, ist künstlerisch bedeutungslos und dürfte daher auch nicht rechtlich als Werk der Tonkunst geschützt werden. Nach der herrschenden Meinung jedoch ist es von vornherein gar nicht ausgeschlossen, daß es schon wegen seiner Fixierung in Noten als Werk der Tonkunst angesehen wird, während umgekehrt eine Bearbeitung, die „ein vorhandenes Tonwerk mit Vortragszeichen versieht, kein als Werk der Tonkunst schutzfähiges Erzeugnis ist", da „der schriftliche Ausdruck solcher Interpretationen größtenteils ein rein sprachlicher, kein musikalischer ist" (Allfeld, S. 58; ebenso Mitteis, S. 147; dagegen Schuster, S. 75). Man qualifiziert also die künstlerischen Arbeiten hinsichtlich ihres Rechtsschutzes schon gar nicht mehr nach ihrem Wesen und Sinn, sondern nach der äußeren Form ihrer Festlegung. Daß Vortragszeichen, welche Anweisungen über Tempo (Grundzeitmaß), Agogik (Veränderungen innerhalb eines Tempos), Dynamik (Abstufung der Tonstärke) und Tonfärbung geben, also rein musikalischen Wesens sind, ihres „sprachlichen" Schriftausdrucks wegen als „Kommentare" (Allfeld) zu der „musikalischen" Niederschrift des Tonwerkes selbst in Gegensatz gestellt werden, zeigt die ganze Schwere dieser Abirrung des Kunstrechts von den Wegen der Kunst. Mit demselben Schein von Recht ist ein Aussetzen bezifferter Bässe oder die Bearbeitung mittelalterlicher Tonstücke durch Akzidenziensetzung (Taktstriche, Vorzeichen, usw.) ein „Kommentar" zu nennen; aber davor scheint man denn doch zurückzuschrecken (vgl. unten S. 37).

Es ist also wohl ersichtlich, daß die bisher übliche oberflächliche Abgrenzung des literarischen gegen das musikalische Urheberrecht zu keinen befriedigenden Ergebnissen führt. Sollen die „Urheber von Werken der Tonkunst" wirksam „geschützt werden" (§ 1 Z. 2 LMUG), so muß ihr Autorrecht notwendig dem Wesen ihrer Autorschaft entsprechen. Birkmeyer sagt in Übereinstimmung mit Gierke (S. 752, 755, 766, 778, 787), Mitteis (S. 97, 156), Mandry (S. 366): „Das Urheberrecht entsteht aus der geistigen Schöpfung" (S. 29). So ist es die Aufgabe der Gesetzgebung und Rechtsprechung, dafür zu sorgen, daß die künstlerischen Arbeiter ihrer Arbeit entsprechend geschützt werden [1]). Dies wird aber erst dann möglich sein, wenn die Erkenntnis sich Bahn gebrochen hat, daß jede Sonderkunst auch rechtlich gesondert zu behandeln ist, daß es für Musiker ein spezifisches musikalisches Urheberrecht geben muß, dessen Normen juristisch wie musikalisch gleichmäßig gerechtfertigt sein müssen. Der Grundfehler, der die Bildung eines tonkünstlerischen jus singulare bisher stets im Keim erstickt hat, ist darin zu sehen, daß der Jurist noch nicht die Notwendigkeit des Hand in Hand Arbeitens mit dem Musikwissenschaftler erkannt hat. Zuerst muß die tonkünstlerische Kritik, die Musikästhetik dem tonkünstlerischen Wirken „gerecht" werden; aus ihren Erkenntnissen, ihrem Begriffssystem hat der Jurist dann nur das Rechtserhebliche auszuscheiden, um die Elemente eines wirklichen „Kunstrechts" zu gewinnen.

Die Grundlinien eines solchen Rechtes aufzuzeigen, ist bei Berücksichtigung dieser Erkenntnis auch im Rahmen des geltenden Gesetzes — trotz der scheinbaren Verschmelzung von Literatur und Tonkunst — möglich und soll im folgenden versucht werden. Das Gesetzeswort soll so ausgelegt werden, daß es nur dem Wesen der Kunst entspringende Forderungen als rechtserheblich anerkennt. Und sein Inhalt soll durch die Merkmale bestimmt werden, welche vom ästhetischen Standpunkt aus als kunstpolitische Notwendigkeit und darum als schutzbedürftig angesehen werden, gleichzeitig aber auch im Rechtssinne des Gesetzes ihre Schutzwürdigkeit erweisen. Im besonderen handelt diese Arbeit, wie ihr Titel zeigt, vom Gegenstand des Musikrechts, indem sie die erste und wichtigste Frage beantworten soll:

Was ist ein „Werk der Tonkunst" im Sinne des § 1. Z. 2 LMUG?

---

[1]) Am schärfsten hat das Kohler ausgesprochen (Kunstwerk, Motto u. S. 182): „So führt der richtige Weg zur Erkenntnis des Autorrechts durch die Erkenntnis der Kunst hindurch", — um $1^1/_2$ Jahrzehnte später die Tonwerke den Schriftwerken unterzuordnen.

Hauptteil.

A. Der Rechtsbegriff des Tonwerks.

I. Die bisherigen Definitionen.

§ 2. Das LMUG bestimmt im § 1: „Nach Maßgabe dieses Gesetzes werden geschützt.... die Urheber von Werken der Tonkunst". Was das Gesetz aber unter dem Begriff des Tonwerks (Abkürzung für „Werk der Tonkunst") versteht, darüber verlautet nichts, und dieser ist noch heute vollkommen unklar, da die bisher aufgestellten Definitionen meist nur Umschreibungen des Gesetzwortes sind. So meint Allfeld (S. 55): „Ein Werk der Tonkunst ist ein mit den Ausdrucksmitteln der Musik in individuelle Form gebrachter Gedankeninhalt, welcher entweder durch Aufzeichnung oder durch Vortrag zur Erscheinung in der Sinnenwelt gelangt ist". Welches nun aber die Ausdrucksmittel der Musik sind, was individuelle musikalische Form heißt, was für ein Gedankeninhalt in eine solche Form gebracht werden kann, — das alles sind so fundamentale Fragen, daß ihre prinzipielle Entscheidung nicht völlig dem Ermessen des einzelnen Richters (vgl. oben S. 2) oder selbst der, immer nur für den besonderen Fall verlangten, Begutachtung durch die Sachverständigen überlassen bleiben darf.

An einem praktischen Beispiel möge sich die bestehende Unsicherheit in der Auffassung des Tonwerksbegriffes zeigen. Der Begleiter einer Sängerin improvisiert im Konzert zwischen zwei Liedern in Es und D einen Übergang mittels einer Folge von terzverwandten Akkorden (siehe nächste Seite).

Würde nun dem Autor dieser Modulation der Schutz beispielsweise des § 13 Abs. 2 LMUG zuzubilligen sein? Mit anderen Worten: kann es eine „unzulässige Benutzung" dieser Takte geben? oder wäre eine auf den genannten Paragraphen gegründete

Klage des Pianisten abzuweisen, weil diese Takte kein Werk der Tonkunst im Sinne des § 1 Z. 2 LMUG darstellen? Die Ansicht sämtlicher wissenschaftlicher Bearbeiter des Gesetzes sowohl wie die der Preußischen Musikalischen Sachverständigenkammer dürfte dahin gehen, daß diese Takte schutzfähig sind.

§ 3. a) Kommentare des LMUG. Die von Allfeld (vgl. oben) gegebene Definition paßt vollkommen auf das Beispiel. Wir haben hier einen musikalischen „Gedankeninhalt“: die Tendenz des Modulierens in eine fernliegende Tonart; haben „Ausdrucksmittel der Musik“: ein melodisch-harmonisch-rhythmisches Gebilde, das auf dem Klavier spielbar ist. Und von der „individuellen Form“ sagt Allfeld selbst (S. 55): „Wird ein Gedankeninhalt mit den Ausdrucksmitteln der Musik dargestellt, so erlangt er damit immer schon eine bestimmte, gebundene Form; formlos ausgedrückte musikalische Gedanken gibt es nicht (!)“. Er verlangt eine „individuelle Form“ nur insoweit, als das Tongebilde sich in seinem konkreten Bestande von anderen unterscheiden muß, was hier der Fall sein dürfte. Damit sind nach Allfelds Meinung (S. 36) die Eigenschaften eines „Erzeugnisses individueller Geistestätigkeit“ gegeben und damit das Beispiel als „Geisteswerk im subjektiven Sinne“ anerkannt. Auch „im objektiven Sinne“ ist es nach Allfeld als solches zu betrachten; denn die Takte „sind dazu bestimmt, auf den Geist zu wirken, und erfüllen jedenfalls ihren begriffsmäßigen Zweck schon dadurch, daß der Geist ihren Inhalt in sich aufnimmt". (S. 36). Und der letzten Forderung Allfelds ist endlich dadurch genügt, daß die Takte „durch Vortrag zur Erscheinung in der Sinnenwelt gelangt sind".

Daude begnügt sich in seinem Kommentar, auf den schon in den Motiven des Gesetzes vom 11. Juni 1870 aufgestellten Satz zu verweisen, daß diejenigen Kompositionen zu schützen seien, die „sich als Erzeugnisse einer individuellen Geistestätigkeit ihres Urhebers darstellen" (S. 8). Zwar gibt Daude für das Fremdwort „Kompositionen" die Übersetzung „musikalische Formgestaltungen", ohne sich aber darüber zu äußern, was er unter diesem Begriff meint. Es wäre darum auch nicht festzustellen, ob er das angeführte Beispiel als schutzbedürftig ansieht, wenn man das nicht aus der Anführung eines in diesem Sinne entscheidenden Gutachtens (S. 243) der Königlich Preußischen Musikalischen Sachverständigenkammer schließen wollte, das dem Potpourri auf Grund der „Herstellung eigenartiger Übergänge" den Tonwerksschutz zubilligt (Daude, S. 8).

§ 4. **b) Sachverständigenkammer-Gutachten.** Das Daudesche Zitat gibt aber seinerseits wieder zu der Frage Anlaß, ob man aus einem für einen einzelnen Fall gegebenen Gutachten irgendwelche allgemeineren Schlüsse ziehen darf. Kann man Gutachten analog anwenden? Die Beantwortung dieser Frage ist zugleich ein Urteil über die rechtsbildende Kraft der Sachverständigenkammern. Wenn man nun auch in Anbetracht der Lückenhaftigkeit des Gesetzesrechts die Bedeutung der Kammern recht groß wünschen möchte, so ist doch tatsächlich, wie die von Daude herausgegebene Gutachtensammlung zeigt, die analoge Anwendbarkeit und damit der Wert der Gutachten für systematische Rechtsprechung und Bildung von ergänzendem Gewohnheitsrecht nur gering. Es wurde schon in der Einleitung darauf hingewiesen, daß nach den „Bestimmungen" die Kammern sehr stark von den Gerichten abhängen. Sieht man die Gutachten durch, so bemerkt man, daß auch wirklich die von den Gerichten den Kammern zugewiesene Tätigkeit fast ausschließlich auf die Erörterung kasuistischer Einzelheiten beschränkt ist. Grundlegende Fragen sind außer der im zweiten Teil dieser Arbeit erörterten kaum behandelt; dagegen mußten bei dreimaligem Nachdruck einer noch nicht einmal originalen, sondern potpourriartig zusammengestellten Arbeit drei gesonderte Gutachten ergehen.

Die Anwendungsmöglichkeit der Gutachten auf ähnliche Fälle ist, wie man daraus ersieht, sehr bescheiden, und man wird sich angesichts solcher Kasuistik vor analoger Verwertung sogar hüten müssen, um nicht falsche Konsequenzen zu ziehen. So nehmen auch die von Daude zitierten Äußerungen nur zu einer bestimmten Frage Stellung und dürfen nicht ohne weiteres zur Beurteilung des hier gegebenen Streitfalles herangezogen werden; vielmehr müßte auch hier wieder ein besonderes Gutachten verlangt werden, um die Meinung der Kammer zu erfahren.

§ 5. c) Andere Bearbeitungen des Urheberrechts. Endlich kommt für die Beurteilung der Schutzwürdigkeit der angeführten Kadenz noch die Ansicht der Verfasser von wissenschaftlich-systematischen Werken in Frage, von denen hier zwei in Einzelheiten angeführt seien: Kohlers „Urheberrecht an Schriftwerken“ und Schusters „Urheberrecht der Tonkunst“.

Kohler, der das musikalische Urheberrecht im ganzen nur als Teil des Schriftwerksrechts behandelt, verlangt als Gegenstand des Autorrechts ein „künstlerisches Gebilde der Sprache der Töne“ (S. 128), wobei die „Sprache die Wiedergabe des Seelenvorganges“ (S. 135) sein soll: „Ob die Gestaltung der Sprache künstlerisch ist, hängt nicht ab vom Inhalt, denn auch das Unbedeutendste kann künstlerisch sein, und hängt nicht ab von der Vollkommenheit der Sprachgestaltung; das Künstlerische ist vielmehr gegeben durch den Zweck“ (S. 138). Und „das Wesen des Kunstwerks, was den Inhalt betrifft, ist das, was ich das imaginäre Bild genannt habe .... Beim Tonbild handelt es sich, wie beim lyrischen Gedicht, um einen Stimmungseindruck, der darauf beruht, daß der Tonmeister eine bestimmte Empfindung in eine ihr entsprechende Fassung von Tönen zu bringen versteht, was darin begründet ist, daß die Tonverbindungen eben in uns eine ganz eigenartige Stimmung zu erzeugen vermögen“ (S. 151). Es ist anzunehmen, daß Kohler seine Forderungen in dem oben angeführten Beispiel für verwirklicht hält; denn jedes musikalische Geschehen ist, vom Standpunkt Kohlers aus betrachtet, „Wiedergabe eines Seelenvorganges“, hinter jeder musikalisch zweckvollen Bewegung steht ein „imaginäres Bild“, ein „Stimmungseindruck“. Das dürfte daher wohl für den vorliegenden Fall einen besonderen Nachweis gar nicht mehr brauchen.

Der letzte deutsche Bearbeiter des Urheberrechts, der sich — noch vor Erlaß des geltenden Rechts — eingehend mit den besonderen Erfordernissen der Schutzfähigkeit der Tonwerke beschäftigt hat, ist Schuster[1]). Nach seiner Auffassung „ist der Gegenstand des musikalischen Urheberrechts ein Werk, dessen Stoff Töne sind, dessen Form ein künstlerischer Zusammenhang von Tönen oder etwas daran Geformtes ist" (S. 51). Diese Ausdrucksweise gibt noch keine rechte Klarheit; aber an einer anderen Stelle spricht Schuster von einem Schutz der „tonalen und rhythmischen Verhältnisse" (S. 64). Solche liegen in dem oben gegebenen Beispiel jedenfalls vor; denn der angeführte Übergang ist ein künstlerisch-tonaler, nämlich melodisch-harmonischer Zusammenhang in rhythmischer Gliederung. Also würde auch Schuster[2]) den Übergang als Tonwerk anerkennen, und wir sehen somit alle hervorragenden Bearbeiter des neueren musikalischen Urheberrechts in diesem Urteil übereinstimmen.

§ 6. d) Folgen. Nichtsdestoweniger muß diese Ansicht als unrichtig bezeichnet werden und dient sogar als Beleg dafür, daß die bisherigen Definitionen des Tonwerksbegriffes unvollkommen sind. Überlegen wir nämlich die Folgen einer solchen Behandlungsweise des Begriffes „Werke der Tonkunst", so kommen wir zu bedenklichen Ergebnissen. Wenn der Konzertbegleiter durch Improvisieren eines Übergangs ein Tonwerk schafft, dann auch der Musiker, der beim Spaziergang melodische Brocken vor sich hinsummt, oder selbst ein Kind, wenn es mit unbekannten Weisen seine Puppe in den Schlaf singt. Wo ist da eine Grenze? Behauptet doch Schuster[3]) (S. 59), auch „Militär-, Post-, Feuerwehr-, Jagd-, Eisenbahnsignale seien fähig, Gegenstand des musikalischen Urheberrechts" zu sein. Folgerecht muß man einen urheberrechtlichen Schutz für die akustischen Erzeugnisse der „singenden" Straßenausrufer, Blumenverkäuferinnen, Zeitungshändler, Automobilhupen, Kindertrompeten, Kirchenglocken verlangen, da auch bei diesen „tonale und rhythmische Zusammenhänge" bestehen. Wohin wir auf diesem Wege gelangen, zeigt

---

[1]) Vgl. oben S. 2 Anm. 1! Als seine Vorgänger erwähnt Schuster Vesque v. Puttlingen und Bauer (Das musikalische Urheberrecht, 1890); als Monographie sei dazu Kremers „Das ausschließliche Recht des Urhebers an der Melodie" genannt (Erlanger Diss. 1891).

[2]) Im Anschluß an ihn sei noch Mitteis genannt, der wörtlich dieselbe Definition gibt (S. 143), und der Kommentar Kuhlenbecks (S. 72).

[3]) Und ebenso Allfeld, S. 57; Kuhlenbeck, S. 72; Gierke, S. 775 Anm. 26; Mitteis, S. 145.

deutlich eine Äußerung Kohlers. Wenngleich dieser einen Signalschutz im Sinne Schusters ablehnt (Urheberrecht S. 134), läßt der folgende Satz aus seinem Aufsatz „Die Idee des geistigen Eigentums“ [1]) der Phantasie des Lesers so viel Spielraum, daß er auch als Begründung für Schusters Forderung denkbar ist: „Es ist ... sicher, daß das Autorrecht ... als ein ... Recht zu behandeln ist, dessen Gegenstand in dem Autorgut besteht, dessen Gegenstand eben mit dem identisch ist, was ich das imaginäre Bild nenne .... Das Recht ... besteht an einem imaginären Ideenbild, ähnlich wie das Erfinderrecht an einer Erfinderidee ....“!

Danach wird das musikalische Urheberrecht im Sinne der rechtswissenschaftlichen Behandlung zu einer Art Erfinderrecht, in dem für „Werke der Tonkunst“ letzten Endes der Begriff der akustisch wirkenden Erfindung eintritt. Diese Lösung der Frage bedeutet aber eine starke Verkennung des Gesetzeswortes. Tonkunst und akustische Erfindung, selbst im engeren, musikalischen Sinn, sind niemals gleichzusetzen; denn die „Tonkunst“ verlangt ein über die Erfindung hinausgehendes musikalisches Können, und „Werk“ und Erfindung sind begrifflich beinahe Gegensätze: bei dieser steht der aufblitzende Gedanke, die Hellsichtigkeit eines glücklichen Augenblicks im Vordergrund, jenes ist der Erfolg zielbewußter, anhaltender Anstrengung, der Preis mühevoll durchgeführter Arbeit [2]).

II. Die wesentlichen Merkmale des Tonwerks.

§ 7. Die Folgerungen, die sich aus den angeführten Bestimmungen oder Umschreibungen des Tonwerksbegriffs ergaben, haben wohl genügend klar gezeigt, daß eine Definition dieses Begriffs bisher noch nicht gegeben ist, und daß demzufolge eine außerordentliche Unsicherheit das ganze Gebiet des musikalischen Urheberrechts beherrscht. So soll denn hier versucht werden, den gesetzlichen Begriff nach einer und der anderen Seite abzugrenzen und mit Hilfe besonderer Wesensmerkmale wirklich „festzulegen“.

Zwei Merkmale erscheinen dazu vom kunstpolitischen und gesetzgeberischen Standpunkt aus gleich geeignet: der tonkünstlerische Zweck und die tonkünstlerische Arbeit, die das Erzeugnis

---

[1]) Archiv für die zivilistische Praxis Bd. LXXXII, S. 156/57.

[2]) Vgl. hierzu auch Allfeld, S. 37 a. E.; Gierke, S. 854. Näheres unten § 10.

erkennbar aufweisen muß, um — ästhetisch so gut wie rechtlich — als „Werk der Tonkunst" gelten zu können.

a) Der tonkünstlerische Zweck.

§ 8. 1. Der künstlerische Zweck als ästhetisches Spiel im Gegensatz zu Wert und praktischer Bestimmung. Die Forderung des musikalischen Zweckes für ein Tonwerk ist gelegentlich schon in der Literatur erhoben worden, aber nur nebenher, ohne je in ihrer grundlegenden Bedeutung für den Begriff des Tonwerks hervorzutreten.

Allfeld spricht an zwei Stellen über den Zweckgedanken. Zuerst meint er (S. 36) mit Bezug auf alle in § 1 LMUG angeführten Werke, daß sie „jedenfalls ihren begriffsmäßigen Zweck schon dadurch erfüllen, daß der Geist ihren Inhalt in sich aufnimmt, mag der von ihrem Autor etwa weiter verfolgte mehr praktische Zweck sich erreichen lassen oder nicht". Und an der anderen Stelle (S. 56) heißt es: „Auch der Zweck des musikalischen Erzeugnisses ist nicht entscheidend; derselbe muß nicht ein rein künstlerischer sein, es ist nicht erforderlich, daß das Werk nur zu ästhetischem Eindrucke bestimmt ist". In solchen Worten offenbart sich die ganze unheilvolle Begriffsverwirrung, die durch die Zusammenkoppelung des musikalischen und des Schriftwerksrechts hervorgerufen ist; kommt doch Allfeld hier in seiner Auslegung des Gesetzes zum direkten Widerspruch mit den Worten des Textes selbst. Wenn der Gesetzgeber ausdrücklich die „Urheber von Werken der Tonkunst" schützen will, kann der Kommentator nicht behaupten, der Zweck müsse nicht ein künstlerischer sein; ist die künstlerische Intention doch die erste Voraussetzung jedes Kunstschaffens! Dadurch, daß Allfeld einschränkend sagt: „ein rein künstlerischer", ist der Widerspruch nicht aufgehoben, wenn man beide angeführten Stellen des Kommentars im Zusammenhang betrachtet und sich gleichzeitig erinnert, daß er, wie oben bemerkt, auch Signale als tonkünstlerische Erzeugnisse geschützt wissen will. Freilich, zu solchem Ziel kommt man, wenn man es als hinreichenden Zweck erachtet, daß „der Geist ihren Inhalt in sich aufnimmt". Legen wir diese Begriffsbestimmung zugrunde, so können wir noch viel weiter gehen, und den mitunter recht eigenartigen rhythmischen und koloristisch-melischen Kombinationen, welche durch das Zusammenarbeiten mehrerer

Steinklopfer entstehen, den Schutz des § 13 Abs. 2 LMUG zubilligen. Und vielleicht würde man gegen Beethoven, wenn er heute sein Violinkonzert schriebe, auf Grund desselben Paragraphen gerichtlich vorgehen. Das Hauptthema des ersten Satzes hat nämlich als wesentlichen Bestandteil vier Paukenschläge, welche aus der Erinnerung an ein allabendlich sich wiederholendes viermaliges gleichmäßiges Pochen an die Haustür entstanden sind. Da Allfeld Tonsignale, deren „Inhalt nur der Geist aufzunehmen" braucht, schützen läßt, so muß er auch dieses Pochen als „Werk der Tonkunst" bezeichnen.

Wir ersehen aus diesen Folgen, daß bei der Prüfung akustischer Erscheinungen hinsichtlich ihres Tonwerkscharakters der künstlerische Zweck doch wohl eine nicht zu unterschätzende Rolle spielen muß. Freilich darf man dieses Wort nicht so mißverstehen wie Allfeld, dessen Auffassung mit dem Begriffssystem der Ästhetik nicht in Einklang steht. Genau denselben Mißgriff sehen wir bei Daude (S. 9) noch deutlicher. Es heißt dort: „Ohne Bedeutung für die Schutzberechtigung eines Werkes der Tonkunst ist der Zweck, dem es dienen soll. Unter den Begriff eines schutzberechtigten Werkes der Tonkunst fallen auch diejenigen Tongebilde, die, wie z. B. Übungsstücke, mehr Lehrzwecken als rein künstlerischen, ästhetischen Zwecken dienen sollen". Die bezeichnenden Ausdrücke „Lehrzwecke", „rein künstlerischer" — wieder! —, „ästhetischer Zweck" scheint Daude von Allfeld geradezu übernommen zu haben; mindestens macht auch er den Fehler der Verbindung ganz gegensätzlicher Begriffe. Beiden mangelt es an der Beherrschung des ästhetischen Denksystems; sie verkennen den ästhetischen Charakter der künstlerischen Intention und damit das Wesen der Kunst.

Der Ausdruck „rein künstlerischer Zweck" charakterisiert sich nämlich als eine Vermengung dreier verschiedener Begriffe: des künstlerischen Wertes des Werkes, der Verwertungsbestimmung des geplanten oder vollendeten Werkes und des künstlerischen Zweckes der Arbeit als solcher. Diese Begriffe sind als von ganz verschiedenem Grad der ästhetischen und rechtlichen Erheblichkeit streng auseinander zu halten.

Zunächst scheide man Wert und Zweck! Wert ist die beurteilte Möglichkeit, Zweck die Absicht der Wirkung. Der künstlerische Wert eines Werkes kann vielleicht nach längerer Zeit, vielleicht aber auch nie allgemein gültig festgestellt werden, kann also als Maßstab für eine juristische Beurteilung oder Begriffsbestimmung überhaupt nicht in Betracht kommen. Wenn man das aber erkannt hat [1]), darf man den abgelehnten Begriff nicht wieder verdeckt heranziehen; das tun Allfeld und Daude mit ihrer Bezeichnung „rein künstlerisch", in der ein Werturteil mitenthalten ist.

Ist der Ausdruck nun aber schon aus diesem Grunde zu verwerfen, dann um so mehr, weil darin nicht unterschieden ist zwischen dem außermusikalischen Zweck: der Bestimmung einer besonderen Verwertung, — und dem eigentlichen Tonwerkszweck: der Absicht einer tonkünstlerischen Gefühlswirkung. Das, was Allfeld und Daude nämlich für den Begriff des Tonwerks als unerheblich bezeichnen wollen — und zwar mit Recht —, ist nur die besondere praktische Bestimmung. Für die Entscheidung, ob eine Schöpfung ein Kunstwerk ist, bleibt es zunächst gleichgültig, was damit geschehen soll. Ebensowenig, wie es für den Kunstwerkscharakter eines Bildes maßgebend ist, ob, wie und wo es aufgehängt wird, kann es für ein Tonwerk begriffsbestimmend sein, wozu es im besonderen verwandt werden soll. Sind die Violinkonzerte von Viotti, Rode, Kreutzer nicht ebensogut Tonwerke wie die von Beethoven, Mendelssohn, Brahms, obwohl David sie als „Konzertstudien"-Sammlung herausgegeben hat und erhalten umgekehrt die Chopinschen Etüden dadurch einen anderen musikalischen Charakter, daß sie in Konzerten gespielt werden? Im Hinblick hierauf meinen Allfeld und Daude das Richtige, wenn ihre Gegenüberstellung auf die Verschiedenheit der praktischen Verwendung der Werke abzielt.

Ist jedoch dem so — wofür mindestens eine Vermutung spricht —, dann haben beide den Kernpunkt der ganzen Frage überhaupt nicht berührt: den wahren Begriff eines „rein künstlerischen Zweckes" in dem ausschließlichen Sinne der Ästhetik, der darin besteht, daß das Tonwerk im Menschen das erhöhte ästhetische Selbstgefühl, das vergeistigte Spielgefühl auswirkt (vgl. Diez, S. 70ff.; Windelband, S. 383ff. [2])). Dieser Zweck kann, wie für die ästhetische, so auch für die rechtliche Bestimmung des Tonwerksbegriffs einzig und allein nur erheblich sein; dafür ist er aber auch von entscheidender Bedeutung.

---

[1]) Kohler (Urheberrecht S. 138), Allfeld (S. 56), Daude (S. 8), Kuhlenbeck (S. 72), Gutachten (S. 269).

[2]) Sowie vor allem Cohens Lehre von der „Ästhetik des reinen Gefühls".

§ 9. 2. Ausscheidung von akustischen Signalen und musikgymnastischen Übungen aus dem Tonwerksbereich. Wenn der Gesetzgeber die „Urheber von Werken der Tonkunst schützen" will, so scheidet er folgerichtig und zugleich im Sinne einer gesunden Kunstpolitik damit alles aus, was nicht wesentlich den Zweck eines künstlerischen musikalischen Spiels verfolgt. Dadurch, daß man Worte oder Sätze in Noten schreibt, schafft man kein Tonwerk, sondern höchstens ein Schriftwerk. In dem Augenblick aber, wo Sebastian Bach über die Buchstaben seines Namens eine Fuge oder Schumann Variationen über den Namen Abegg schreibt [1]), entstehen Tonwerke. Der Gesang der Vögel ist nicht schutzfähig, wird es auch dadurch nicht, daß man ihn durch Nachahmen auf den Saiten einer Geige zwischen Steg und Saitenhalter zu „vermenschlichen" strebt; denn selbst dann liegt noch kein künstlerischer Spielzweck, höchstens eine Spielerei vor. Wohl aber sind die Vogelstimmentakte am Schlusse des zweiten Satzes der Pastoralsymphonie von Beethoven (Nr. 6, op. 68) Tonwerksbestandteile. Und so steht es denn auch mit den arg umstrittenen Signalen. Ist eine Tonverbindung lediglich Signal, so darf man sie nicht als Tonwerk schützen; dient sie aber wesentlich einem künstlerischen Zweck, d. h. ist eine künstlerisch-musikalische Wirkung beabsichtigt, so ist sie schutzfähig. Die Schwierigkeit liegt hier in der Bestimmung der Grenze und wurde scheinbar bisher als so groß empfunden, daß man es vorzog, lieber auch die Signale noch zu den Tonwerken zu rechnen [2]). Tatsächlich aber erscheinen die Signale nur als Tonwerke, ohne es wirklich zu sein. Es folgt das aus ihrer Entstehung. Signale sind Zeichen, sind Erkennungsmerkmale. In gewisser Entfernung genügen sichtbare Zeichen, wie Masten und Feuer; außer Sehweite, im Gebirge oder Walde schon bei kurzen Entfernungen, müssen sie akustisch vermittelt werden. Zuerst rief man einfach, dann erkannte man die größere Tragkraft des durch Resonanz verstärkten Tones und verwandte dieses Mittel in singend ausgehaltenen Endvokalen: Feurio! Diebio! Weiter bemerkte man aber

[1]) Op. 1.

[2]) Ausnahmen sind nur Kohler (Urheberrecht, S. 134) und Mitteis (S. 145); dieser unterscheidet danach, ob die Signale „Gemeinplätze" seien oder nicht, eine Trennung, die praktisch zu großer Unsicherheit führen würde, da dieses ästhetische Urteil kaum jemals unbestritten würde ausgesprochen werden.

wieder, daß der Ton gewisser akustischer Instrumente noch stärker und tragfähiger ist und außerdem nicht so leicht versagt, wie die menschliche Stimme infolge von Heiserkeit. Und als besonders laut und bequem zu handhaben fand man Blechblasinstrumente; daher das Kommando: „zum Sammeln blasen". Was geblasen wird, ist ursprünglich gleichgültig; der „Hornton" wurde in seiner Bedeutung erkannt. Da aber schließlich überall, mindestens bei den verschiedenen Abteilungen eines Heerhaufens, dasselbe Instrument gebraucht wurde, so wurden als besondere Erkennungsmerkmale die verschiedenen Töne der Instrumente in verschiedener Verbindung benutzt. Diese Verbindungen, meint man nun, seien das Musikalische, weil hier in der Verwendung der Dreiklangstöne eine Rücksichtnahme auf musikalische Gesetze, ein musikalischer „Inhalt" zu erblicken sei. Demgegenüber muß festgestellt werden, daß hier keine bewußte, musikalisch-spielende Willkür waltete, sondern daß auf den Instrumenten (sog. Naturinstrumenten) einfach keine anderen Töne herauszubringen waren [1]). Und es ist heute gerade das Bezeichnende, daß im Gegensatz zur Kunstmusik, die sich der in der zweiten Hälfte des 18. Jahrhunderts zuerst gebauten Ventilinstrumente bedient, die alle Töne haben, die Signale noch immer nur die Naturtöne benutzen. Hierin dokumentiert sich auch der Unterschied zwischen Signalen und scheinbar gleichartigen musikalischen Expektorationen. Eine Militärfanfare z. B. wird grundsätzlich nur die Teiltöne eines Drei- (Oberton-), also Naturklanges verwenden, harmonisch unbewegt, und ist schon ihres Signalcharakters wegen unveränderlich. Dagegen findet man die „Rheingold-Fanfare" Wagners in den verschiedensten Instrumenten, Rhythmen, Tonarten, ja selbst in Moll (z. B. „Walküre", 2. Akt, Wotanserzählung). Wo findet man bisher ein Militärsignal in Moll? Das grundsätzliche Fehlen des harmonischen Spielzweckes (Kadenzierungsbedürfnisses) ist es, was der Ästhetik verbietet, die Signale in den Bereich der Kunst hineinzuziehen.

Und so wird man auch bei der rechtlichen Bewertung die Grenze am besten so festlegen, daß Tonsignale, weil lediglich aus nichtmusikalischen Absichten heraus entstanden — Beweis: die harmonische Unbewegtheit —, nicht zu den „Werken der Tonkunst" zählen, es sei denn, daß sie eine Besonderheit aufweisen, die sich nur auf den Zweck musikalischen Spiels zurückführen

---

[1]) Vgl. Näheres z. B. in Kochs Instrumentenkunde (S. 172ff.).

läßt, z. B. die Aufnahme harmonisch-melodischer Intention im „Marsch" oder „großen Zapfenstreich" (im Gegensatz zum einfachen ebenso benannten Signal). Diese letzteren Kategorien müssen wir zur „signalähnlichen Musik" rechnen, deren begrifflicher Unterschied von den Signalen nunmehr auch erwiesen ist. Die „Rheingold-Fanfare" würde als Automobil-Signal des Deutschen Kaisers nie und nimmer Tonwerk sein; sie ist aber ursprünglich Bestandteil eines musikalischen Kunstwerks, wo ihr musikalischer Zweck deutlich erkennbar[1]) ist.

Diese Lösung des Signalstreites dürfte kunstpolitisch sowohl wie als Auslegung des Gesetzworts einigermaßen befriedigen, Ähnlich ist auch die von Schuster und Allfeld behandelte Etüdenfrage zu erledigen. Schuster spricht den Czernyschen Klavieretüden die Eigenschaft eines individuellen Geisteserzeugnisses ab, Allfeld verteidigt sie, indem er auf die treffliche „Methode" hinweist: „Die individuelle geistige Tätigkeit liegt hier in der Auswahl der für die Technik des Schülers passenden Tonfolgen'". (S. 56). Beide meinen etwas Verschiedenes: Schuster zielt auf den Wert der Etüden ab („gehaltlose Gemeinplätze", S. 63), während Allfeld ihre erzieherische Bestimmung betrachtet. Das Moment des musikalischen Spielzwecks wird auch hier wieder von beiden übersehen und ist doch gerade das Entscheidende. Es muß, wie bei der signalähnlichen Musik, so auch hier in seiner ganzen Ausschließlichkeit sichtbar vorhanden sein, um das Werk zu einem Tonwerk zu machen. Darum können bloße Tonleiterzusammenstellungen (aller Tonarten, Dur und Moll, diatonisch, chromatisch,

[1]) Kohlers Wunsch (Urheberrecht S. 134, ähnlich schon Kunstwerk S. 173f.), daß die Leitmotive „so gestaltet sein sollen, daß sie von sich aus einen bestimmten Charakter oder eine bestimmte dramatische Lage schildern", ist auch von der höchsten musikalischen Kunst kaum ohne Assoziation, also Anlehnung an außermusikalische Vorstellungen erfüllbar und daher für eine juristische Begriffsbestimmung, die sich doch nur auf rein musikalisches Material stützen soll, nicht gut verwendbar. Schuster (S. 59f.) hat vollends bei der Begründung seiner Signalschutzforderung das Verhältnis von Ursache und Wirkung verkannt. Er meint (S. 60), es „beruht die praktische Bedeutung der Signaltonsätze nur auf ihren formellen musikalischen Unterschieden". Gewiß, das ist aber rechtlich unerheblich; es muß umgekehrt heißen: ihre musikalischen Unterschiede sind gar nicht musikalisch (im künstlerischen und rechtlichen Sinne), soweit sie lediglich auf praktischer Notwendigkeit beruhen und nicht darüber hinaus ein musikalisches Spiel bedeuten. Darum müssen auch die von Schuster zusammengeworfenen Signale und signalähnliche Musik getrennt werden.

in Terzen, Sexten, Dreiklangszerlegungen, Oktavengänge) niemals Tonwerksschutz verlangen, auch nicht, wenn sie mit Fingersatzbezeichnungen versehen sind [1]); denn sie dienen keinem unmittelbaren tonkünstlerischen, sondern lediglich einem gymnastischen, „vormusikalischen" Zweck. Gerade dadurch aber unterscheiden sich die sog. „Etüden" (auch die Czernyschen) begrifflich von solchen mechanisch-gymnastischen Fingerübungen, daß sie, völlig abgesehen vom „Technischen", auch musikalisch-zweckvoll, mit der Absicht tonkünstlerischer Spielwirkung angelegt sind. Man wird sie also aus diesem Grunde, unter Nichtbeachtung des „Lehrzweckes", kunstrechtlich als Tonwerke behandeln; auch hier entscheidet die alle „Nebenzwecke" überwindende Absicht künstlerisch-musikalischen Spiels die Frage [2]).

Diesen künstlerischen Zweck hat bisher, zugleich in seiner Bedeutung für die Rechtsnatur der Wortkunst, nur Kohler zu fassen versucht (Urheberrecht S. 138). Er meint dort, wie auch oben schon angedeutet, daß nicht Inhalt und Vollkommenheit der Gestaltung — also der „Wert" — entscheiden, ob eine künstlerische Gestaltung der Frage vorliegt, sondern „das Künstlerische ist vielmehr gegeben durch den Zweck; es besteht darin, daß etwas nicht bloß Gedankenmitteilung sein soll, sondern eine dem ordentlichen Kreis des Lebensverkehrs entzogene abgerundete Darstellung [3]). Wenden wir diese Worte, soweit das bei der Verschiedenheit von Sprachkunst und Tonkunst überhaupt möglich ist, auf das Tonwerk an, so bedeuten sie auch etwa, daß der Zweck des Tonwerks nicht „bloße Gedankenmitteilung", z. B. eines Akkords, einer Tonleiter, einer Verbindung schwieriger Griffe auf einem Instrument, sein kann; vielmehr muß ein Erzeugnis vor-

---

[1]) Dambach erklärt schlechthin auch „Fingerübungen auf dem Klaviere" für schutzwürdig (S. 221).

[2]) Man wird in diesem Zusammenhang auch an Stimmbildungsübungen und an rhythmisch-agogische Gymnastik (Dalcroze) denken. Für jene gilt dasselbe wie für alle Instrumentalstudien, und auch den Übungsstoff für die letztere wird man rechtlich teilen müssen; von der Stufe des Lehrgangs an, wo die Realisationen (Wiedergabe musikalischer Bewegung durch Körperbewegung) beginnen, können methodisch nur Übungsbeispiele Verwendung finden, welche zunächst der Forderung des musikalischen Spiels entsprechen.

[3]) Ähnlich äußert er sich im „Kunstwerk" (S. 8), wo er als das „wahre Charakteristikum des künstlerischen das (vom utilitären Sinne aus) Zwecklose und trotzdem Bedeutsame" nennt. Vgl. über das Wesen der Kunst als ästhetischer „Selbstdarstellung" auch Windelband (S. 385) und Diez (S. 54).

liegen, das seinem Wesen nach dem „ordentlichen Kreis des Lebensverkehrs“ entzogen — stilisiert! — ist, indem es vermöge seiner „abgerundeten Darstellung“ ein in sich abgeschlossenes künstlerisches Ganze bildet.

Der *Wille* zu dieser „abgerundeten Darstellung“, die tonkünstlerische Intention, wird erkennbar und rechtserheblich als der ästhetische Spielzweck eines akustisch wirkenden Erzeugnisses. Fehlt diese Bestimmung, so haben wir keinesfalls ein Werk der Tonkunst vor uns. Erkennen wir aber die musikalische Spieltendenz, den ausschließlichen Kunstzweck als gegeben, so haben wir weiter zu prüfen, ob der Wille auch in die Tat umgesetzt, die Absicht verwirklicht ist, — ob das uns vorliegende Erzeugnis auch das zweite künstlerische und Rechtsmerkmal des Tonwerksbegriffs aufweist: *tonkünstlerische Arbeit*.

b) Die tonkünstlerische Arbeit.

§ 10. 1. *Künstlerische Arbeit und Erfindung.* Schon oben (§ 6 a. E.) wurde auf *Kohlers* Theorie vom „imaginären Bilde“ hingewiesen, derzufolge er das Urheberrecht dem Erfinderrecht an die Seite zu stellen geneigt sei. Ausdrücklich hat er sich dahin im „Kunstwerk“ (S. 33ff.; vgl. auch unt. S. 23f.) gegen *Gierke* (S. 854) und im Archiv für bürgerliches Recht (Bd. X, S. 255) ausgesprochen und auch im „Urheberrecht“ seine Ansicht scheinbar nicht geändert. Denn er schreibt dort (S. 149): „Allein nicht nur die besondere Technik kennzeichnet das Kunstwerk, sondern auch der Inhalt“. Die „besondere Technik“ erscheint ihm nämlich beim Tonwerk bereits durch die Verwendung der musikalischen „Natursprache“ gegeben, „indem die in ihr liegenden Zeitmomente, die Höhe und Tiefe, der Rhythmus, die Harmonik und die Intervalle ohne weiteres die Menschenbrust erregen und in ihr gewisse Gefühle wachrufen und gewisse Vorstellungen anklingen lassen“ (Urheberrecht S. 134). Den spezifischen Kunstwerkscharakter verleiht daher nach *Kohler* den akustischen Erzeugnissen ausschließlich der „Inhalt“, das „imaginäre Bild“ [1]); und zwar „handelt es sich beim Tonbild um einen Stimmungseindruck, der darauf beruht, daß der Tonmeister eine bestimmte Empfindung in eine ihr entsprechende Fassung von Tönen zu

[1]) Das ergibt sich gleichfalls aus der *Kohlerschen* Lösung der Signalfrage (Urheberrecht S. 134).

bringen versteht, was darin begründet ist, daß die Tonverbindungen eben in uns eine ganz eigenartige Stimmung zu erzeugen vermögen" (S. 151). Diese Worte dürften kaum mehr als eine Ausführung dessen darstellen, was Kohler schon in der zuerst erwähnten Stelle (Arch. Ziv. Prax. Bd. LXXXII, S. 156/57) sagte: „Das Immaterialgüterrecht besteht an einem imaginären Ideenbild, ähnlich wie das Erfinderrecht an einer Erfindungsidee". Nach seiner Ansicht ist also die künstlerische Erfindung, die Idee, der „Stimmungseindruck", das zu schützende Rechtsgut. Dem widerspricht Allfeld mit dem Hinweis, daß „das Erfinderrecht schon die Idee als solche schützt, während im Gebiet des Urheberrechts in der Regel nur die Verbindung von Idee und Form geschützt ist" (S. 37). Aber auch er führt die abweichende Ansicht nicht durch, da er glaubt, daß § 13 Abs. 2 LMUG ausnahmsweise die „Idee allein" schützen will.

Indes ist der Angriff gegen Kohler[1]) berechtigt, dessen Theorie auf einer wohl kaum haltbaren Auffassung der Natur des musikalischen Kunstschaffens beruht. Daß jedes Kunstwerk „als etwas Organisches ein solches imaginäres Bild in sich tragen muß", ist freilich unbestreitbar. Aber erstens: das Vorhandensein des imaginären Bildes genügt nicht, es muß zwecks rechtlicher Beurteilung auch erkennbar sein; woran soll jedoch ein imaginäres Bild im Einzelfalle erkannt werden? Und zweitens: selbst wo ein solches „Bild" erkennbar vorhanden ist, braucht noch kein „Werk der Tonkunst" vorzuliegen. Niemals wird aus kunstpolitischen Gründen — das ist auch gegen Allfeld zu sagen — der Schutz einer tonkünstlerischen „Idee allein" begehrt, nicht einmal — wie Schuster will — für bloße „tonale und rhythmische Zusammenhänge", sondern nur für den erkennbar geschlossenen künstlerischen Organismus[2]).

Dieser Forderung entspricht auch voll der Wille des Gesetzgebers, wenn man nur seine Worte in ihrer natürlichen Bedeutung faßt. Die Urheber von tonkünstlerischen „Werken" sollen geschützt werden. Ein Werk ist aber begrifflich — sonst ist es Frag-

[1]) Die übrigen Urheberrechtler, auch Schuster, nehmen zu dieser Frage keine Stellung.

[2]) Man würde sonst tatsächlich (vgl. Anm. 1 S. 28) zur Patentierung gewisser Akkordverbindungen, Intervallfolgen oder rhythmischer Einteilungsgrundsätze gelangen, — ein Schutz des einzelnen Künstlers zum größten Schaden der in ihrer Entwickelung gehemmten Kunst.

ment, „Stückwerk“ — etwas Abgeschlossenes, Fertiges, eine Einheit. Dementsprechend ist ein Werk der Tonkunst ein in sich geschlossener tonkünstlerischer Organismus, und nur ein solcher wird gesetzlich geschützt. Damit hat der Gesetzgeber klar ausgesprochen, daß auch er die künstlerische Idee von der Erfindung unterscheidet: daß, während die Erfindungsidee von irgendwelchen Durchführungsformen begrifflich unabhängig ist, eine musikalische Idee erst in dem Augenblicke in den Bereich der Wirklichkeit tritt und schutzwürdig wird, wo sie zu einem „Werk“ gestaltet wird. Für das Urteil über den ästhetischen Wert des Tonwerkes kann die zugrundeliegende Idee das Wertvollere sein, über die Beachtung des Rechtsschutzbedürfnisses entscheidet lediglich die geleistete Arbeit [1]).

§ 11. 2. Die musikalisch-technische Form als Kennzeichen der tonkünstlerischen Arbeit. *a*) Der Begriff der Form. Die musikalische Arbeit [2]) erscheint somit als ein weiteres wesentliches Merkmal des Tonwerksbegriffes im Sinne des § 1 Ziff. 2 LUMG. Sie dokumentiert sich, wie schon gesagt, in der organischen Geschlossenheit des Werkes, seiner Form. Woran diese nun aber zu erkennen ist — sie muß, um eine praktische Durchführung des Gedankens zu ermöglichen, erkennbar sein —, darüber kann wiederum nur die Musikwissenschaft Auskunft erteilen. Und zwar muß hier die Ästhetik der musikalischen Organik die künstlerischen Fingerzeige für das rechtliche Denken geben. Wie oben (S. 12ff.) der tonkünstlerische Zweck erst als musikalischer Spieltrieb in seiner ganzen ästhetischen Ausschließlichkeit sichtbar werden mußte, um eine rechtliche Bedeutung zu erhalten, so ist hier für den Nachweis einer sinngemäßen Auslegung des Gesetzes die Darlegung erforderlich, daß

---

[1]) Vgl. hierzu gerade § 13 Abs. 2 LMUG, wo von einer „neuen Arbeit“ gesprochen wird; auch der Schutz dieses Paragraphen fällt nicht einer „Idee allein“ (Allfeld) zu, sondern nur dem wesentlichen Tonwerksbestandteil, dem funktionellen Glied eines künstlerischen Organismus.

[2]) Eine Darstellung des Wesens der künstlerischen Arbeit ist hier nicht versucht, da sie in dem Rahmen dieser Schrift zu weit führen würde und auch nicht praktisch notwendig ist (vgl. jedoch unten S. 33); entscheidend ist vielmehr nur die Erkennbarkeit der Arbeit in der Form, und dieser Begriff wird prinzipiell wie bezüglich seiner Anwendung im praktischen Einzelfalle ausführlich erläutert werden. Allgemeines über das Wesen der Arbeit, namentlich im Gegensatz zum Genuß und Sport, bemerkt neuestens Kohler (Recht, S. 64—67).

nicht bloß juristische Erwägungen, sondern vor allem musikalisch-ästhetische Gründe die Empfehlung der tonkünstlerischen Form als sicheren Kennzeichens der geleisteten tonkünstlerischen Arbeit veranlassen. Mit Worten wie „Stimmungseindruck" (Kohler) oder „Darstellung eines Gedankeninhaltes mit den Ausdrucksmitteln der Musik" (Allfeld) ist für das künstlerische Verständnis eines Tonwerks ebenso wenig wie für seine juristische Begriffskonstruktion getan. Aus solchen allgemeinen unbestimmbaren Erwägungen heraus kommt man zu Resultaten wie dem Satz Allfelds (S. 55): „Formlos ausgedrückte musikalische Gedanken gibt es nicht" [1]). Das ist zunächst einmal recht fraglich, dann aber auch unerheblich, da es ja nicht „musikalische Gedanken", sondern „Werke der Tonkunst" zu schützen gilt, und jedenfalls musikalische Gedanken keineswegs Werke zu sein brauchen [2]). Auch die „tonalen und rhythmischen Zusammenhänge" Schusters vermögen das Werk nicht zu bilden — sie sind gleichfalls nur Gedanken — sondern es muß ein großer Zusammenhang vorhanden sein, eine Form in musikalisch-technischem Sinne.

Dieser technische Formbegriff ist etwas wesentlich anderes als die Form, deren Vorhandensein Kohler beim Tonwerk anerkennt und fordert (Kunstwerk S. 147ff.). Kohler unterscheidet zwei Begriffe: „innere und äußere Form". Dabei versteht er unter „äußerer Form" „die Art der Wiedergabe des innerlich ausgebildeten Themas durch die einzelnen Stimmen: die Instrumentation, die Übertragung der Tonfiguren auf die Instrumente und ihre instrumentalen Klangfarben" (S. 148). Man kann aber ohne inneren Widerspruch die Instrumentation nicht eine Form des Werkes nennen; denn das Werk kann formell bereits vollendet sein, ohne daß an die Art der Wiedergabe auch nur gedacht wurde, und so würde bei der Instrumentierung nun das bereits geformte Werk noch einmal geformt werden, ohne jedoch eine Umformung zu erleiden [3]). Oder soll eine im Klavierauszug fertiggestellte

---

[1]) Ähnlich meint Schlittgen (S. 18), Tonwerke seien „alle Produkte individuellen Denkens auf dem Gebiete der Musik"; also schon jeder Kadenztrugschluß!

[2]) Jede kompositorische Skizze ist ein musikalischer Gedanke oder gar eine Gedankenverbindung, wird aber durchaus nicht immer zum — thematischen oder selbst nur episodischen — Bestandteil eines Werkes ausgestaltet werden.

[3]) Über die tatsächliche Bedeutung der Instrumentationskunst vgl. unten S. 40.

Oper oder Sinfonie — z. B. Cornelius' D dur-Ouvertüre zum „Barbier von Bagdad", die erst Liszt instrumentierte — noch nicht formell vollendet sein oder durch die Instrumentierung in der Form verändert werden? Das wäre nicht viel anders, als wenn man nur einen vollkommen angezogenen Menschen für geboren halten wollte. Kohler will schließlich selbst „das Innere vom Äußeren scheiden" und gibt zu, daß, „wenn auch eine vollkommene Reproduktion nur in der Instrumentation möglich ist, welche der Meister erdacht hat" — nicht immer; vgl. wieder den stets von neuem uminstrumentierten „Barbier von Bagdad" —, immerhin eine unvollkommene Wiedergabe durch andere Stimmen und Instrumente erfolgen kann" (S. 149). Der Einheitlichkeit des ästhetischen und kunstrechtlichen Begriffssystems zuliebe dürfte es vorzuziehen sein, auch für die juristische Beurteilung die gesamte Instrumentations- und Vortragslehre von dem zu trennen, was im eigentlichen, technischen Sinne Form eines Tonwerks heißt. Hierfür hat Kohler den Ausdruck „innere Form" geprägt, der sich aber auch noch nicht mit dem musikalisch-technischen Formbegriff deckt! Kohler versteht unter „innerer Form" „die Art und Weise, wie der Autor sein Tongebilde auftreten, die in ihm enthaltenen Wechselstimmen zu Wort kommen läßt und die in dem Tongebilde enthaltenen Kontraste zur Entwickelung bringt. Ein und dasselbe Tonbild — sagen wir beispielsweise, ein und dieselbe Melodie — kann in getragener, in flüssiger Weise erscheinen, schlicht und einfach oder prunkvoll verziert, in kühnem Fluge oder schleppend schwerem Gange; es kann in den unteren Tönen mit schwerem Forte einherbrausen, es kann in den oberen Tönen wie ein Ätherhauch verschwinden; es kann vereinzelt, einsam bleiben, es kann sich mit einem anderen Bilde verschwistern eine Begleitung wie von Feenhänden kann die Melodie umgeben, ein neckischer Baß kann sie von Zeit zu Zeit unterbrechen — alles dies ist die innere Form, in welcher die Melodie auftritt (!). Auch hier ist die innere Form die Eigenart eines jeden Musikers. Es gibt zwar auch hier typische Weisen .... — aber alles dieses sind nur Einzeltypen, die Erfindungsgabe ist auch hier unendlich" (S. 147f.). Es sei hier gleich darauf hingewiesen, daß eine sichere juristische Feststellung von „inneren Formen" im Einzelfalle bei derartiger „unendlicher Erfindungsgabe" nicht möglich sein würde; es müßte sehr willkürlich zugehen. Aber vor allem ist auch musikalisch das, was Kohler kennzeichnet, gar nicht das

Wesen der Form, sondern eine Verquickung einer Fülle von Teilleistungen musikalischer Arbeit mit dem wirklichen Formbegriff. Kohler stellt sich hier fast auf den Standpunkt der musikalischen „Hermeneutik“ Kretzschmars, die Riemann im Vorwort zu seinen Vorträgen über die Grundlinien der Musikästhetik zurückweist (S. 5): „Seine Ansichten vom Wesen der Musik als ausschließlicher Kunst der „Affekte“ fallen durchweg unter den Gesichtswinkel der (Betrachtung der) Musik als vorgestellten Willens[1]); diese erschöpft das Wesen der Musik nicht, ja geht sogar nur eine zu guter Letzt nicht einmal unbedingt notwendige Äußerung desselben an“. Ebenso kann man auch Kohler erwidern, daß seine „innere Form“ wesentlich unter den Begriff des musikalischen „Inhalts“ (vgl. Riemann, Grundriß S. 73ff.) fällt, und, soweit wirklich der technische Formbegriff gemeint ist, dieser auch noch anders aufgefaßt ist, als ihn die herrschende Lehre der Musikwissenschaft begreift. Denn musikalische Form ist nicht subjektive Willkür, nicht Sache „unendlicher Erfindungsgabe“, sondern Form im allgemeinen ist Ausdruck einer Gesetzlichkeit und wird bewiesen als Gesetzanwendung, Gebrauch eines Typus. Und eben seines typischen, im einzelnen Falle regelmäßig einwandfrei feststellbaren Charakters wegen ist der musikalisch-ästhetische Formbegriff auch juristisch ausgezeichnet verwendbar. Der „Inhalt“, das individuell Verschiedenartige, muß bei rechtlicher Beurteilung völlig ausgeschaltet werden können; dies wird aber erst in dem Augenblick ermöglicht, wo man den Begriff der Form im rein musikalisch-ästhetischen Sinne zu Hilfe nimmt.

Über diesen Begriff äußert sich Grunsky (S. 111f.)[2]) etwa folgendermaßen: Melodie, Harmonie und Rhythmus verbinden sich zu einem musikalischen Ganzen vermittels gewisser Formen. Diese sind aber nicht bloß — in dem gegensätzlichen Sinne von materia und forma — als ein Gefäß zu betrachten, in das man den Inhalt hineinschüttet. Vielmehr ist statt Form der Begriff der Folge zu setzen, da wir jedes musikalische Geschehen als Abfolge erleben.

[1]) Also im Sinne assoziativer (= außermusikalisch vergleichender) Deutung.

[2]) Vgl. ferner zur Ästhetik der musikalischen Form insbesondere die Bücher Halms: „Von zwei Kulturen der Musik“ (erstes Buch: Von der Form) und „Die Symphonie Anton Bruckners“ (I. Das Erlebnis der Form; III. Form und Gehalt); über die Trennung von Form und Inhalt s. auch Riemann, Grundriß S. 73ff., S. 97ff., S. 99; Krehl, I., S. 6; S. 100ff; Schmitz, S. 34ff., S. 48ff.

Und zwar ist die musikalische Form eine Folge nicht bloß im Sinne eines Zeitablaufs, sondern auch der inneren Folgerichtigkeit, somit aber als Logisches unabhängig vom Vorhandensein oder vom Wert jenes Ausdrucksgleichnisses betrachtbar, das der Erfindung zugrunde liegt [1]. Es ist wohl möglich, daß wir den Zwang einer Abfolge auch bei minderwertiger Musik erkennen müssen (!); und ferner ist es möglich, daß wir dieselbe Ordnung einer Abfolge bei Stücken verschiedener Eingebung, verschiedenen Gleichnisses vorfinden".

Damit ist die ästhetische Notwendigkeit der musikalischen Form dargelegt, und gleichzeitig sind auch schon die Handhaben für ihre juristische Benutzung gegeben. Nicht Melodie, Harmonie, Rhythmus allein oder in willkürlicher Verbindung stellen das Kunstwerk dar, wie Allfeld und Schuster zu glauben scheinen, sondern nur ein „Ganzes" kann im Sinne des § 1 Ziff. 2 LMUG „Werk der Tonkunst" heißen, und die Ganzheit wird künstlerisch in der musikalischen Form begriffen. Form aber wieder ist Folgerichtigkeit, eine „verständliche Abfolge von Spannungen und Entspannungen" [2], und muß „als Logisches" bei jedem Tonwerk „unabhängig betrachtbar vom Vorhandensein und vom Wert des Ausdrucksgleichnisses" vorliegen, „das der Erfindung zugrunde liegt". Wohl gemerkt: unabhängig betrachtbar, nicht unabhängig bestehend! Damit ist Kohlers Theorie vom „imaginären Bild", die oben schon aus juristischen Gründen bekämpft wurde, auch musikalisch widerlegt; denn sie beruht auf dem Glauben, von dem imaginären Bild, das der Erfindung zugrunde liegt, bei der Beurteilung der „inneren Form" eines akustischen Erzeugnisses niemals absehen zu können.

In demselben Maße aber wie gegen Kohler spricht die Möglichkeit unabhängiger Betrachtung der notwendigen Form eines Tonwerks für die juristische Verwendbarkeit des musikalischen Arbeitsgedankens; denn die musikalische Form als innere Folgerichtigkeit ist nichts als das erkennbare Ergebnis musikalischer Denkarbeit, das diese einer selbständigen Beurteilung zugänglich macht. So dürfte nun aus juristischen so gut wie aus musikalischen Gründen die begriffliche Notwendigkeit des Gedankens der formalen Gestaltung als der Quintessenz musikalischer Arbeit, wie

[1] Grunsky gibt also das Wesen der Form als formula (= materia formata; vgl. unten S. 33).

[2] Grunsky a. a. O.

auch seine prinzipielle Brauchbarkeit für die praktische Handhabung des musikalischen Urheberrechts erwiesen sein; es bleibt nur noch auszuführen, wie das Vorhandensein einer musikalischen Form und der dazu erforderlichen Arbeit im Einzelfalle festzustellen ist.

§ 12. β) Feststellung im Einzelfalle. Hierbei wird man zunächst am besten zwischen handschriftlich oder typographisch festgelegter und nur aufgeführter Musik unterscheiden. Die aufgezeichnete Musik nämlich wird regelmäßig nicht ein Produkt bloßer Erfindung, sondern durchgearbeitet und durch eine erkennbare Form als ein musikalisches Ganzes gekennzeichnet sein. Die ganz wenigen Werke, die trotz ihrer Festlegung in Schrift oder Druck keine erkennbar geschlossene Form haben, bilden deutliche Ausnahmen, welche die Regel nur bestätigen. Es kann sich hier nur um größere Fragmente handeln, die dann auch als solche kenntlich sind (z. B. die Hugo Wolfsche Oper „Manuel Venegas", die mitten in einer Szene abbricht[1]), oder um sog. „exotische Musik" (Erzeugnisse außereuropäischer Kunstpflege, sowie Tonsätze heimischer Komponisten, welche aber die geltenden Formprinzipien bewußt verleugnen, wie Schönberg, Delius und einige Jungfranzosen). Selbst deren Schutz als Tonwerke durchbricht aber noch nicht den Grundsatz des Arbeitserfordernisses. Nur ist die Arbeit hier nicht sicher an der Form zu erkennen, deren nichttypische Beschaffenheit vielfach dazu verleiten wird, das Erzeugnis formlos zu nennen. Und da dieser Streit nicht bestimmt zu entscheiden ist, so soll bis zu seiner Erledigung eine Vermutung für das Vorhandensein der geforderten Arbeit die mangelnde Beweisbarkeit mittels typischer Form ersetzen[2]). Wo das Nichtbestehen einer solchen indes als Folge des Mangels der Arbeit sicher erkannt wird, kann natürlich diese Vermutung nicht Platz greifen, und eine Sammlung unausgeführter Skizzen eines verstorbenen Komponisten z. B. kann allenfalls Schriftwerksschutz gemäß Ziff. 1 des § 1 LMUG genießen, nicht aber als Tonwerk gelten (vgl. auch unten § 14).

Man wird also mit der erwähnten Ausnahme alle schriftliche

[1]) Nicht gehören hierher einerseits die „unvollendete" Sinfonie Schuberts in H moll oder Bruckners „Neunte", da deren vorhandene zwei bzw. drei Sätze als solche schon „musikalische Formen" darstellen, — andererseits bloße Skizzen; hierüber vgl. unten.

[2]) Nur bei aufgezeichneter Musik (sonst vgl. unten)!

Musik — nicht zu verwechseln mit musikalischem Schriftwerk (unten § 14) — als Werke der Tonkunst ansprechen dürfen. Ganz anders steht es indes mit der Musik, die nur vermittels akustischer Wirkung in die Erscheinung getreten ist. Bei dieser gewinnt das Erfordernis der erkennbaren formalen Ausgestaltung eine noch größere rechtliche Bedeutung; die Grundlagen zur Beurteilung auch der einzelnen Fälle müssen hier durchaus feststehen, in Anbetracht dessen, daß bei nicht festgelegten Erzeugnissen eine nachträgliche Entscheidung über Vorliegen oder Nichtvorliegen musikalischer Arbeit unmöglich ist und eine dahingehende Vermutung unpraktisch wäre. Auch an dieser Stelle hat die Wissenschaft des musikalischen Urheberrechts bisher einen Fehler begangen. Nachdem zuerst das Tonwerk dem Schriftwerk gleichgesetzt worden war, hat man seiner Eigenart ausgleichend dadurch Rechnung tragen wollen, daß man es für gleichgültig erklärte, ob das musikalische Erzeugnis durch Aufzeichnung oder durch Vortrag oder Aufführung in die Außenwelt trete. Allfeld (S. 59) hebt sogar die Bedeutung des improvisierten Vortrags noch besonders hervor mit der Begründung, daß „nirgends die Eingebung des Moments eine so große Rolle spielt als im Bereiche des musikalischen Schaffens. Was der Musiker, der in freier Phantasie (!) den plötzlich auftauchenden Ideen auf seinem Instrumente Ausdruck verleiht, in einem glücklichen Augenblicke (!) schafft, kann, wenn es durch Nachschreiben festgehalten wird, für die Kunst von größtem Wert sein, und wäre es auch nur eine „Expektoration". Hierauf ist Allfeld wieder nur das eine zu entgegnen, daß das Gesetz — in ausgezeichneter Würdigung der kunstpolitischen Interessen — nicht „freie Phantasien", sondern Werke der Tonkunst schützen will und demzufolge nicht die „Erfindungen glücklicher Augenblicke", sondern nur die Erfolge künstlerischer Arbeit zu berücksichtigen sind. Endemann (S. 72), auf dessen „Expektorations"-Gedanken Allfeld anspielt, hat hier bisher allein das Richtige geahnt, wenn auch noch nicht klar erkannt. Jedenfalls entscheidet er über die Grenzen der musikalischen Schutzwürdigkeit feiner als Schuster, der auch den Expektorationsbegriff schroff ablehnt (S. 65): „Übrigens gehören hierher Tonsätze jeder Art, jedes noch so großen Umfanges, jedes Stils und jeder Kunstform. Sie — auch nur beispielsweise — aufzuzählen, wäre ... überflüssig. Selbst sog. ‚Expektorationen' zählen dazu ... Denn auch Expektorationen können den Charakter von

Motiven, Themen und eigentümlichen Figuren haben, ja, sie sind oft wahre Löwenklauen". Sicherlich; aber „Motive, Themen und eigentümliche Figuren" [1]) sind noch lange keine Tonwerke, auch wenn sie „wahre Löwenklauen" sind. Wenn Schuster das Wort „Expektoration" als „vollkommen untechnischen, nämlich nirgends in der musikalischen Terminologie vorkommenden Ausdruck" tadelt, so muß man erwidern, daß darin nichts Falsches liegt, ein untechnisches Gebilde mit einem untechnischen Namen zu bezeichnen. Unrichtig ist es vielmehr von Schuster, die Expektorationen zu den Tonwerken zu rechnen, ganz verfehlt auch die dafür gegebene Begründung, daß „Tonsätze jedes noch so großen oder kleinen Umfanges, jedes Stils und jeder Kunstform" schutzwürdig seien, und es überflüssig sei, sie auch nur beispielsweise aufzuzählen. Denn einmal hat der Umfang des Tonwerks sehr wohl eine minimale Grenze — mindestens drei Teile zur „Spannung, steigernden Spannung, Entspannung" (Grunsky, S. 121); der Stil ferner ist für die rechtliche Betrachtung unerheblich, und zwar ist jede „Kunstform" [2]) fähig, ein Tongebilde als Arbeitsprodukt, als Werk erscheinen zu lassen; endlich ist es aber keineswegs überflüssig, die Tonwerke aufzuzählen, da ihre Gattungen beschränkt sind, durch die beschränkte Zahl der kennzeichnenden Formen. Mit Recht sagt Grunsky (S. 112): „Die Formen sind als Variationen gewisser Urtypen zu verstehen", und beim aufgezeichneten Tonwerk wird auch einer dieser Urtypen regelmäßig erkennbar zugrunde liegen. Beim improvisierten Vortrag aber wird oft auf die Anwendung eines bestimmten formalen Urtyps verzichtet werden, und in eben diesen Fällen haben wir es nicht mit einem künstlerischen Arbeitsprodukt, einem „Werk" zu tun, sondern nur mit einer formlosen Betätigung der musikalischen Phantasie, mit einer untechnischen „Expektoration", die als solche einen Anspruch auf Namen und Schutz eines Werkes der Tonkunst nicht machen kann! Zwei Beispiele Schusters dürften den Unterschied am klarsten zeigen; er meint, das Chopinsche A dur-Präludium (op. 28 Nr. 7) werde geschützt, trotzdem es nur eine Expektoration sei; nach der hier vertretenen Meinung

[1]) Geschweige denn gar die „originelle Art, womit Froberger auf der Orgel einen dissonierenden Griff in die Tasten machte und die Dissonanz auflöste"; wenn man so etwas schützen wollte, wo wäre denn da noch ein Unterschied zwischen Urheber- und Patentrecht?

[2]) Lies: Art der Kunstübung!

müßte es auch als schutzfähig gelten, aber eben, weil es keine Expektoration ist, sondern trotz seines geringen Umfanges eine klar erkennbare Liedform zeigt. Andererseits ist das von Schuster ebenfalls für schutzwürdig erachtete Thema der Beethovenschen 32 C moll-Variationen (ohne op.) wirklich nur eine Expektoration; nichts in sich Geschlossenes, sondern nur ein — freilich wertvoller — Einfall, der erst der Verarbeitung, z. B. wie hier durch Variationen, bedarf. Gerade dieses Thema ist als solches — anders als sonst häufig, auch bei viel anspruchsloseren Variationenthemen — noch kein selbständiges Tonwerk, sondern erst durch die Variationen zum Bestandteil des Tonwerkes geworden, dessen Form „Tema con variazioni" heißt. Dieser Unterschied der beiden Beispiele zeigt sich schon äußerlich in der Verschiedenheit der Festlegung. Chopins Präludium ist keine Expektoration, sondern ein Werk und als solches selbständig gedruckt. Beethovens Thema dagegen erscheint nur mit den Variationen zusammen im Druck; denn für sich ist es bloß eine Expektoration, ein Gedanke, eine Laune des Improvisators.

Damit gelangen wir auf den Ausgangspunkt dieser Betrachtung zurück: das Beispiel der Expektoration erweist deutlich die Notwendigkeit, bei Improvisationen viel schärfer als bei aufgezeichneter Musik zu scheiden zwischen der Betätigung musikalischer Arbeit und bloßer Erfindung. Diese scheint auch Daude zuzugeben, wenn er meint (S. 9): „Auch die nur frei vorgetragenen, improvisierten Tonwerke sollen, wenn sie sonst den Erfordernissen eines Werkes der Tonkunst im Sinne des § 1 Ziff. 2 LMUG entsprechen, den uneingeschränkten Schutz gegen unbefugte Wiedergabe genießen". Wann sie diesen Erfordernissen entsprechen, sagt freilich Daude nicht; die Antwort ist: wenn sie eine musikalische Form haben. Den denkbar günstigsten musikalischen Maßstab für eine scharfe rechtliche Abgrenzung des improvisierten Tonwerks von der bloßen spielerischen Expektoration bietet die Art, wie Riemann (Lexikon S. 640, unter „Improvisation") die verschiedenen Möglichkeiten zu improvisieren trennt: „Man unterscheidet Improvisation und freie Phantasie, indem man bei ersterer ein strenges Binden an eine Form mitversteht. So gehörte es früher zu den Meisterproben eines tüchtigen Musikers, daß er eine Fuge über ein gegebenes Thema improvisieren (extemporieren) konnte, worin besonders J. S. Bach Erstaunliches leistete. Diese Art Improvisation setzt eine erstaunliche Konzentration der

Geisteskräfte (also Arbeit!) voraus, während das sog. Phantasieren ein vollständiges Freigeben der Phantasie ist und meist mehr kaleidoskopisch bunt wechselnde Stimmungsbilder (Kohler!) ergibt. In der Mitte steht die Variierung eines gegebenen Themas, die Phantasie über eine Melodie, eine Kunst, deren jeder passable Musiker fähig sein muß". Wir können mit Benutzung dieser Unterscheidung sagen, daß die formstrenge Improvisation — sei es eine einfache Form wie Lied, Kanon, Fuge, Variationen oder Tanzformen, oder eine zusammengesetzte wie Rondo, Menuett mit Trio, Sonate — und auch noch die Phantasie über ein gegebenes Thema — als freiere Abart der Variationsform — als Tonwerk schutzwürdig ist, während die ganz freie formlose Phantasie (Expektoration) als bloße Erfindung ohne gestaltende Arbeit nicht als ein Werk der Tonkunst im Sinne des § 1 Ziff. 2 LMUG zu bezeichnen ist.

Unter diese letzte Gruppe musikalischer Erzeugnisse würde nun der oben (§ 2) konstruierte modulatorische Übergang fallen. Da er, wie angenommen, nicht aufgezeichnet, sondern in einem Konzert improvisiert ist, müßte man ihn auf seinen Tonwerkscharakter besonders untersuchen [1]) und würde dabei zu der Einsicht gelangen, daß er weder eine bestimmte Form aufweist noch sich als freie Verarbeitung eines thematischen Grundgedankens darstellt. Vielmehr ist er ein bloßer „Übergang", eine frei erfinderische Benutzung der harmonischen „Naturtatsache" der Terzverwandtschaft, um den Weg von Es dur nach dem „entfernten" D dur zurückzulegen. Er kann als formlose Ausgeburt freier improvisatorischer Phantasie also nicht den Anspruch erheben, als Tonwerk zu gelten, und wenn oben (§§ 3—5) der Nachweis gelungen ist, daß die bisherigen Bearbeiter des musikalischen Urheberrechts auf Grund ihrer Definitionen das Beispiel als schutzwürdig anerkennen würden, so dürfte daraus wiederum klar hervorgehen, daß die bisherigen Bestimmungen des Tonwerksbegriffs lückenhaft sind und den vom Gesetz erteilten Rechtsschutz willkürlich erweitern.

---

[1]) Es sei jedoch darauf hingewiesen, daß der Übergang, wenn er (als Modulationsbeispiel in einer Harmonielehre etwa) gedruckt wäre, auch nicht als Tonwerk gelten könnte (durch Vermutung), da hier das Nichtvorhandensein einer Form zweifellos ist; auch in schriftlicher Festlegung bleibt er immer noch ein bloßer modulatorischer Gedanke, ein „Übergang".

III. Festlegung des Tonwerksbegriffs.

§ 13. Der herrschenden Unsicherheit in der Gesetzesauslegung kann nur dadurch abgeholfen werden, daß eine neue Definition des Rechtsbegriffes „Werk der Tonkunst“ aufgestellt wird, in der die bisher vorhandenen Lücken durch Berücksichtigung seiner ästhetischen Grundlagen: des musikalischen Zweckes und der musikalischen Arbeit ausgefüllt werden. Ehe diese neue Definition ausgesprochen wird, ist noch zweierlei zu untersuchen: das Verhältnis des Zweck- und Arbeitsgedankens zueinander und die vielleicht zu verwertenden Bestandteile früherer Definitionen.

§ 14. a) Die Notwendigkeit beider Merkmale. Es fragt sich zunächst, ob Zweck und Arbeit nebeneinander begriffsbestimmend wirken, oder ob nicht etwa das eine Merkmal in dem anderen bereits enthalten ist. Daß die Arbeit im Zweck noch nicht inbegriffen ist, kann leicht eingesehen werden, da auch jede freie Phantasie, ja zuweilen sogar das Läuten abgestimmter Kirchenglocken („Parsifal“!) künstlerisch-zweckvoll ist, ohne doch damit schon eine selbständige musikalische Arbeit darzustellen. Umgekehrt aber ist klar, daß es keine künstlerisch-musikalische Arbeit gibt, die nicht den Zweck künstlerisch-musikalischer Spielwirkung verfolgt. Wäre sie doch ohne solchen Zweck ebenso widersinnig wie das Hinschreiben eines Schriftwerkes ohne den Zweck, einem Leser die geistige Aufnahme des Inhalts zu vermitteln; auch die kleinste musikalische Form trägt als Arbeitsprodukt die Zweckbestimmung in sich, als künstlerischer Organismus empfunden zu werden. So bleibt denn noch die Frage zu lösen, ob unter diesen Umständen überhaupt dem Zweckgedanken eine selbständige Bedeutung für die Definition des Tonwerks zugemessen werden darf und nicht vielmehr die Arbeit allein als wesentliches Merkmal anzusehen ist. Man fühlt sich fast versucht, letzteres zu bejahen; denn in der Regel stempelt allerdings erst die Arbeit das musikalische Erzeugnis zum Tonwerk, während der Zweck nur die Möglichkeit des Tonwerksschutzes erwägen läßt und in der Arbeit ausgedrückt, ja sogar bisweilen (signalähnliche Musik) erst in der Arbeit erkennbar ist. Dennoch muß der Zweckbegriff neben dem Arbeitsgedanken beibehalten werden, zur billigen Beurteilung der Ausnahmefälle, wo musikalische Erzeugnisse auch ohne sichere Erkennbarkeit der Arbeitsleistung Tonwerksschutz beanspruchen. Es sind dies die oben (S. 26f.) bereits erwähnten schriftlich festgelegten größeren Fragmente, exotischen Erzeugnisse usw. Hier tritt das Zweckmerkmal in selbständige rechtliche Funktion, wie an folgendem Beispiel klar wird. In den Schönbergschen Orchester- (op. 16) oder Klavierstücken (op. 19) wird die große Mehrheit der heutigen Musiker irgend ein formales Prinzip nicht nur nicht erkennen können, sondern man wird sie eher als Erzeugnisse reinster musikalischer Willkür bezeichnen und ihnen jede Spur von künstlerischer Arbeit absprechen wollen. Schönberg selbst und seine Anhänger behaupten jedoch eine ästhetische Gesetzmäßigkeit der „Sätze" und wollen sie als tonkünstlerische Arbeitsleistung angesehen wissen. Der Streit ist heute nicht einwandfrei zu entscheiden, und so fordert billiges Ermessen, daß man Schönberg bis zu dieser Entscheidung einen vorläufigen Schutz in der oben (S. 26) erwähnten „Arbeitsvermutung" gewährt, auf Grund deren die Stücke bis zum Beweis des Mangels der künstlerischen Arbeit rechtlich als Tonwerke anzusehen sind. Nun könnte aber z. B. Capellen dieselbe Vermutung für seine im Anhang seiner Harmonielehre angeführten Harmoniebeispiele von „Zukunftsmusik" (S. 151, 153, 162ff., 181, 184) beanspruchen. Auch hier ist nicht zu entscheiden, ob geschlossene kleine Formen (wie in der europäischen Musik z. B. bei Kinderliedern) oder nur unselbständige harmonisch-melodische Gedanken vorliegen; trotzdem wäre es zu weit gegangen, wenn man die Beispiele als Tonwerke schützen wollte. Denn im Gegensatz zu den Schönbergschen Stücken ist nicht nur das Vorliegen des einen wesentlichen Merkmales, der Arbeit, nicht sicher, sondern es fehlt auch der ästhetische Zweck. Bei Schönberg ist aus der Art der Festlegung, Vervielfältigung und Herausgabe der Stücke klar zu ersehen, daß er sie als Tonwerke gespielt und gehört wissen will, nicht anders als die formal geschlossenen Werke anderer Komponisten. Capellen hingegen beabsichtigt diese Wirkung nicht; er will gar keine geschlossenen Tonstücke als solche ästhetisch fühlen lassen, sondern lediglich Lehrbeispiele für exotische harmonische Denkweise geben. Dieser bloße Lehrzweck aber reicht nicht aus, um eine Vermutung formgestaltender musikalischer Arbeit zu rechtfertigen, ja, er widerspricht sogar einer rechtlichen Auffassung der Beispiele als Tonwerke; diese wären vielmehr [1])

[1]) Vorausgesetzt, daß nicht zweifellos wirkliche kleine Tonwerke sie bilden, wie in Schreyers Harmonielehre (S. 52ff., 56ff., (nicht 59f.!) 77—86, 97ff.), die meist ganze Lieder anführt; hier wirkt für die rechtliche

analog den in Ziffer 3 des § 1 LMUG genannten „Abbildungen technischer Art" zu schützen. Nach der Verschiedenheit des Zweckes muß man also schriftlich festgelegte Musik und musikalisches Schriftwerk trennen; das ist seine selbständige Bedeutung neben der Arbeit, um derentwillen auch er als besonderes Tonwerksmerkmal unentbehrlich ist.

§ 15. b) Die erschöpfende Kraft der Merkmale. So bleibt denn nur noch zu erörtern, ob noch andere begriffliche Merkmale zur sicheren Beurteilung eines Werkes der Tonkunst notwendig sind. Gehen wir zu diesem Zwecke die oben (§§ 2—5) angeführten bisherigen Definitionen des Begriffes noch einmal durch.

Der „Gedankeninhalt" Allfelds ist mit der „individuellen Form" in dem Kriterium der Arbeitsleistung verschmolzen, und auch die „Ausdrucksmittel der Musik" sind nur Stoff und Werkzeuge der Arbeit; denn diese beseitigt die begriffliche Unterscheidung von materia und forma durch Schaffung des einheitlichen Organismus einer materia formata, in dem alle ästhetischen Einzelforderungen restlos erfüllt sind. Ist doch die künstlerische Arbeit gar nicht anders zu erklären wie etwa als Verbindung der individuellen Phantasie mit der Gesetzlichkeit der Kunst; oder als Vergeistigung des persönlich empfundenen Reizes zu allgemeinem ästhetischem Selbstgefühl; oder noch anders als gesetzmäßiges Formen eines individuell reizenden Stoffes (vgl. Diez, S. 50—79). Und deren Erfolg erweist das Kunstwerk, wo der Inhalt — geformt, das Persönliche — gesetzt ist. Daher dürfte auch ein juristisch erheblicher Mangel an Individualität beim Schaffen eines Tonwerks praktisch unmöglich sein (so auch Mitteis, S. 144), so daß die Forderung der Individualität der Arbeit gleichfalls nicht mehr besonders betont zu werden braucht. Daß endlich das Werk „zur Erscheinung in der Sinnenwelt gelangt ist", ist in der Forderung der Erkennbarkeit der Arbeit ausgesprochen. Allfelds Definition enthält also nichts, was auch nur über den Kreis des Arbeitsgedankens hinausgeht.

Daude sagt nichts anderes als Allfeld, und auch die von ihm geleitete Preußische Sachverständigenkammer hat kein weiteres Merkmal des Tonwerksbegriffs angegeben.

Kohlers Forderungen der „Wiedergabe eines Seelenvorgangs" und der „abgerundeten Darstellung" sind nach allem, was hier

Einschätzung die geleistete Arbeit — und damit auch der ästhetische Zweck! — ohne Rücksicht auf die Verwendung als Lehrbeispiel.

über musikalische Arbeit und Formgestaltung gesagt wurde, ebenfalls in der musikalischen Form verwirklicht. Der Zweckgedanke ist aufgenommen und ausgeführt worden.

Schusters und Mitteis' „künstlerischen Zusammenhang von Tönen" erschöpft auch die musikalische Form.

§ 16. c) Wortlaut der Begriffsbestimmung. Es dürfte also zweierlei nunmehr anerkannt werden: erstens, daß die Gedanken des musikalischen Zwecks und der musikalischen Arbeit die Lücken der bisherigen Definitionen des Tonwerksbegriffes in allen hier behandelten Fällen auszufüllen vermögen; zweitens, daß diese Gedanken auch alles enthalten, was bisher von einem akustisch wirkenden Erzeugnis gefordert wurde, um als Tonwerk gelten zu dürfen.

Es ist demnach möglich, mit ausschließlicher Anwendung dieser beiden Gedanken eine neue befriedigende Definition des Tonwerksbegriffes zu geben, die folgendermaßen gefaßt werden könnte:

Als „Werk der Tonkunst" im Sinne des § 1 Ziff. 2 LMUG ist jedes akustisch wirkende Erzeugnis anzusehen, das den Zweck einer künstlerisch-musikalischen Gefühls- (Spiel-) Wirkung verfolgt und sich durch eine erkennbar geschlossene Form als Erfolg tonkünstlerischer Arbeit darstellt.

B. Tonwerk und Bearbeitung.

§ 17. Zur Vervollständigung der Erörterungen über das „Werk der Tonkunst" ist noch das Verhältnis dieses Begriffes zu der in § 2 LMUG genannten „Bearbeitung" zu untersuchen. Das Gesetz selbst setzt sie in Beziehung, indem es von „Bearbeitung des Werkes" redet, und spricht damit die Verschiedenheit der beiden Begriffe sowie das Abhängigkeitsverhältnis der Bearbeitung deutlich aus: diese setzt immer ein Werk, eine Schöpfung voraus. Daraus geht ohne weiteres hervor, daß Erzeugnisse, die aus einem der oben angeführten Gründe nicht als Werke der Tonkunst zu bezeichnen sind, auch nicht als Grundlage einer Bearbeitung, sondern nur einer Schöpfung dienen können; Variationen über ein fremdes Thema, das nicht schon selbst eine geschlossene Form aufweist, können in keinem Falle Bearbeitungen sein, sondern werden rechtlich selbständige Werke der Tonkunst [1]).

Eine andere Frage läßt das Gesetz jedoch scheinbar offen: Können „Bearbeitungen eines Werkes" ihrerseits wieder als Tonwerke im Sinne des § 1 Ziff. 2 angesehen werden? Darauf ist hier noch zu antworten, und dabei muß sich auch zugleich wieder die praktische Anwendbarkeit der im ersten Teil dieser Arbeit gegebenen Definition des Tonwerksbegriffs erweisen.

I. Die bisherige Auffassung.

§ 18. a) Kommentare des LMUG. Die Kommentare des LMUG äußern sich nur kurz. Allfeld hält Bearbeitungen in gewissem Umfange für Werke der Tonkunst und erklärt sie sogar nur so weit für schutzfähig (S. 57, 58/9); „ob ... Bearbeitungen

[1]) Ebenso Wächter, Verlagsrecht, S. 595 Anm. 3; dagegen Schuster, S. 68, mit unsicheren Ausführungen über den Begriff des Themas; auch ein Motiv kann Thema sein (Beethoven!). Unklar ist auch Mitteis, S. 145.

wirklich als Werke der Tonkunst anzusehen sind, hängt im einzelnen Falle davon ab, ob zu ihrer Herstellung eine individuelle formgestaltende Tätigkeit erforderlich war" (S. 57). Er rechnet zu den Bearbeitungen die „Ergänzungen" (z. B. des Mozartschen Requiem durch Süßmayr) und die „sog. Potpourris oder Quodlibets", jedoch nicht „die Phantasie und die Variationen" über „bereits vorhandene Tonsätze .... Solchen Neuschöpfungen gegenüber kann der benutzte Tonsatz in seiner Bedeutung ganz in den Hintergrund treten (wie z. B. in den meisten von Beethovens Variationen für Pianoforte)" (S. 57). — Kuhlenbeck (im Anschluß an Schuster; vgl. unten § 19) äußert sich im wesentlichen wie Allfeld (S. 72); er zählt aber die Potpourris in toto zu den „eigentlichen Kompositionen", nicht zu den bloßen „Bearbeitungen". — Daude trennt gleichfalls „frei erfundene" Werke, die „bloße Bearbeitung, die sich als ein unter Aufwendung eigener formgestaltender Arbeit zustande gekommenes eigentümliches Werk der Tonkunst charakterisiert", (darunter Potpourris) und „Arrangements, Variationen und Bearbeitungen bereits vorhandener musikalischer Werke, wenn die Bearbeitung auf einer eigenen geistigen Tätigkeit beruht", deren Ergebnisse er aber auch in allen diesen Fällen als Werke der Tonkunst ansieht (S. 8).

§ 19. b) Andere wissenschaftliche Bearbeitungen des Urheberrechts. Von den Systematikern des Urheberrechts spricht sich Kohler nur ganz allgemein aus: „Das Autorrecht entsteht mit der Schöpfung, welche Schöpfung natürlich eine Schöpfung höheren oder niederen Ranges sein kann, wie ... Bearbeitung, § 2 AG" (Urheberrecht S. 223). Sehr ausführlich ist dagegen Schuster, dessen dogmatische Ausführungen für die Entscheidung der Frage wertvoll sind und darum hier auch in Einzelheiten angeführt werden sollen. Er kennt drei „verschiedene Gattungen von Gegenständen des musikalischen Urheberrechts .... zuerst eigentliche Kompositionen, d. h. Kompositionen im Gegensatz zu bloßen Bearbeitungen ..., d. i. Tonwerke, an welchen das neue der Tonsatz ist, oder selbst erfundene Tonsätze (S. 64) .... Die zweite Art von Gegenständen des musikalischen Urheberrechts, die Bearbeitungen, umfassen mancherlei. Wie schon bekannt, gehört hierher jede Arbeit an einem gegebenen Tonwerk ohne Veränderung des Tonsatzes (S. 69) ... Die letzte Gattung von Gegenständen musikalischen Urheberrechts endlich sind Sammlungen musikalischer Werke" (S. 76). Zu der ersteren Gruppe rechnet Schuster auch „Kompositionen über gegebene Themen", die er genauer bestimmt als „Verarbeitungen gegebener fremder oder eigener Tonsätze oder noch deutlicher: Tonsätze, welche mit den gegebenen gewisse abstrakte melodische, harmonische und rhythmische Verhältnisse, sozusagen das melodische, harmonische und rhythmische Grundschema gemeinsam haben, aber andere konkrete oder wirkliche, d. h. sinnlich wahrnehmbare Tonverhältnisse in einer dieser drei Richtungen oder in zweien oder in allen dreien aufweisen" (S. 66). Dazu gehören z. B. „Variationen, Figurationen [1]), Phantasien . . . Kompositionen jeder Art . . ., selbst sog. Kadenzen zu Konzertstücken" (S. 68); das „Potpourri im Sinne des österreichischen Patentes" (S. 69) scheint nicht das zu sein, was wir gemeinhin mit diesem Namen bezeichnen, sondern eine Art formtypischer Phantasie. Bemerkenswert ist endlich, daß Schuster auch die „Leistungen, die in Ergänzung eines unvollständigen [z. B. in bloßer Generalbaßbezifferung [2]) aufgezeichneten] Tonsatzes bestehen, also im Hinzukomponieren eines neuen Tonsatzes, der aus Bescheidenheit und zur Charakterisierung als bloße Ergänzung ‚Bearbeitung' heißt" (S. 69/70), zu der Gruppe der „eigentlichen Kompositionen" zieht . . . . Als wirkliche Bearbeitungen nennt Schuster „Einrichtungen" (S. 71ff.) und „Ausgaben von Tonwerken mit Anweisungen für die Ausführung" (S. 74ff.); auszunehmen sind: von ersteren das „bloße Abschreiben oder Zusammenschreiben für andere Instrumente oder Stimmen", ebenso das „Umschreiben in andere Schlüssel oder Noten; eine klangtechnische Veränderung muß stattfinden" (S. 74) —, von letzteren die „Erklärungen und Anweisungen in ganzen Sätzen oder Abhandlungen wie bei den Bülowschen Ausgaben Beethovenscher Sonaten" (S. 75). Schuster erkennt also einen wesentlichen Gegensatz zwischen Schöpfungen und Bearbeitungen de lege ferenda an und will beide für sich geschützt wissen. Ihm schließt sich, jedoch schon mit starker Verwischung des Gegensatzes, Mitteis an (S. 145ff.); so spricht gerade er bei Potpourris von „Aufwendung eigener Kompositionskunst; nur auf diese bezieht sich der Autorschutz" (S. 147).

§ 20. c) Die Praxis. — Folgen. Eingehend hat sich mit der

[1]) D. i. die melodisch-rhythmische Auflösung oder Umschreibung von Akkorden.

[2]) Nur die Baßstimme des begleitenden Tasteninstruments ist in Noten verzeichnet, die anderen Akkordtöne mit Ziffern angegeben.

vorliegenden Frage, wie aus Daudes Gutachtensammlung hervorgeht, auch die Königlich Preußische Musikalische Sachverständigenkammer beschäftigt; in nicht weniger als vier von zehn abgedruckten Gutachten handelt es sich um die Feststellung, ob eine Bearbeitung nach § 1 Ziff. 2 LMUG als Werk der Tonkunst schutzwürdig sei. Und zwar hat sich die Kammer jedesmal dahin ausgesprochen, daß sehr wohl Bearbeitungen Werke der Tonkunst im Sinne des § 1 Ziff. 2 LMUG sein könnten, und nur wenn sie es wären, musikalischen Urheberrechtsschutz verdienten. Immer geht sie bei dieser Entscheidung von dem Erfordernis der individuellen Geistestätigkeit des Urhebers aus; so heißt es in den beiden ersten Fällen: „Wie auf dem Gebiete der Literatur kann auch auf dem der Tonkunst eine individuelle Geistestätigkeit auch in der bloßen Bearbeitung bereits vorhandener Schöpfungen hervortreten, sofern nur diese Bearbeitung nicht etwa lediglich in der einfachen Wiedergabe des bereits Vorhandenen besteht, sondern sich als ein unter Aufwendung eigener formgestaltender Tätigkeit zustandegekommenes selbständiges musikalisches Werk charakterisiert . . . . So kann auch ein sog. Potpourri, das im wesentlichen in der Zusammenstellung bereits vorhandener Tonsätze besteht, durch die dabei vorkommende Aufwendung eigener Kompositionskunst, durch Herstellung von Übergängen, verbindenden Phrasen und Kadenzen usw. den gesetzlichen Schutz . . . erlangen" (S. 243 und S. 263f.; vgl. Mitteis, S. 147); beide Male hat die Kammer die fraglichen Erzeugnisse als Werke der Tonkunst angesehen und ihnen den Schutz des Gesetzes gemäß § 1 Ziff. 2 zugebilligt. In den anderen Fällen ließ sie umgekehrt Harmonisierungen bzw. Klavierbegleitungen von Volksliedern nicht als Werke der Tonkunst gelten und erachtete sie darum für überhaupt nicht schutzfähig (S. 257ff., S. 269f.). Den Kernpunkt der Begründung hierfür bilden die Sätze: „In der Kunstmusik kann insbesondere allein schon die Harmonisierung eines älteren Tonwerkes eine überaus wertvolle, durchaus selbständige künstlerische Arbeit bedeuten, wie dies Haydns, Beethovens oder Brahms' Begleitungen zu gegebenen Melodien zur Genüge beweisen . . . . Anders verhält es sich mit den volkstümlichen Gesängen, d. h. Kunstkompositionen, die allmählich eine solche Verbreitung gewonnen haben, daß sie zu Volksliedern geworden sind. Sie tragen ihre Harmonie in sich selbst, und ihre harmonische Behandlung für den Schulgebrauch ergibt sich im Einzelfalle meist von selbst, ohne daß es zu einer solchen Bearbeitung einer individuellen geistigen Tätigkeit bedarf" (S. 258/59 und ebenso S. 270).

In diesen Entscheidungen, welche mit ihren Begründungen die heute herrschende Meinung über die vorliegende Frage darstellen, tritt die Verkennung des Unterschiedes von Schöpfung und Bearbeitung und eine — oben (§ 8) schon zurückgewiesene — Beurteilung musikalisch-künstlerischer Tätigkeit nach künstlerischem Wert und praktischer Bestimmung klar hervor. Zufolge den dort vertretenen Anschauungen müßte einerseits jedes Potpourri wegen der getroffenen Auswahl und einiger Übergangsakkorde (!) als Werk der Tonkunst geschützt werden; andererseits eine gute Ausgabe von Volksliedern mit Klavierbegleitung (oder z. B. viele der Scholanderschen Lautenliederbearbeitungen!) unbeanstandet von jedem nachgedruckt werden können. Schon diese praktischen Folgen zeigen die Anfechtbarkeit der in den Gutachten vertretenen Anschauungen; im folgenden soll die Unhaltbarkeit der herrschenden Theorie näher begründet werden.

II. Benutzung und Bearbeitung des Tonwerks.

§ 21. a) Schöpfung und Bearbeitung. Birkmeyer (S. 8) tadelt die Fassung des § 2 E (jetzt § 2 Abs. 1 LMUG): „Die Fiktion des § 2:

> „Bei einer Übersetzung gilt der Übersetzer, bei einer sonstigen Bearbeitung der Bearbeiter als Urheber."

ist durchaus unnötig. Denn der Übersetzer ist Urheber unter allen Umständen, der Bearbeiter wenigstens dann, wenn es sich um eine selbständige Bearbeitung, um eine Bearbeitung im Sinne des § 14 E (§ 13 LMUG) handelt. Ist die Bearbeitung dagegen keine eigentümliche Schöpfung, dann kann der Bearbeiter auch nicht als Urheber gelten". Diese Kritik ist nicht nur nicht geeignet, die Ausdrucksweise des Gesetzes als verfehlt erscheinen zu lassen, sondern sie lenkt vielmehr die Aufmerksamkeit auf den wirklichen, bisher wohl ausnahmslos verkannten Willen des Gesetzgebers. Der Übersetzer „ist" eben nicht schlechthin Urheber. Wohl ist er Urheber des neuen Textes, aber seine Worte sind im ganzen nur Umnennungen der Urheberworte. Gerade beim musikalischen Übersetzer — dem instrumentierenden Bearbeiter vorhandener Tonwerke, den man vielleicht so nennen kann — ist dieser Unterschied ganz scharf ausgeprägt. Gewiß enthält die von ihm hergestellte Orchesterpartitur seine Noten, und doch sind es wieder nicht seine Noten; denn in der ihnen charakteristischen formalen Zusammenstellung finden sie sich bereits in der Klavierpartitur (z. B.) ihres Urhebers. Dieser hat sie in der genannten Weise verbunden, hat eine erkennbare tonkünstlerische Form und damit ein Tonwerk geschaffen, das vollendet ist, noch ehe der Instrumentator eine Hand daran gelegt hat. Dieser ändert auch an dem Bestande des bearbeiteten Tonwerks — nach Substanz und Form — nicht das geringste, er ändert nur die Art der Ausführung. Dem Klangkolorit [1]) gilt seine Mühe, die auch tonkünstlerische Arbeit ist, aber nicht, wie die im ersten Teil behandelte, formgestaltende Schöpfung, sondern eben bloß Bearbeitung, welche die vollendete Schöpfung voraussetzt und bestehen läßt. Nun kann man — gerade diese Ausdrucksweise fördert die Unklarheit — den Instrumentator schon nicht einmal hinsichtlich der Orchestrierung als Urheber bezeichnen, weil gerade das spezifisch Urheberische, die formgebende Arbeit, fehlt. Selbst wenn man aber diese Tätigkeit in einem weiteren Sinne urheberisch nennen will, so verleiht dem Bearbeiter die Anerkennung einer solchen Urheberschaft noch immer keinen wirksamen Schutz, wenn er nicht Dritten gegenüber auch hinsichtlich des Gegenstandes seiner Bearbeitung, der zugrundeliegenden Schöpfung, als Urheber gilt. Birkmeyer ist darin vollkommen zuzustimmen, daß dies im Falle des § 13 LMUG, wo ein neues Werk geschaffen worden ist („eigentümliche Schöpfung", „neue Arbeit"), nicht nötig ist, weil ja jedenfalls der Schöpfer hier gemäß § 2 Abs. 1 Satz 1 LMUG Urheber ist. Nur ist Birkmeyers Schlußfolgerung irrig; nicht hat sich der Gesetzgeber unrichtig ausgedrückt, sondern er will eben etwas ganz anderes: mit Hilfe einer Fiktion den Bearbeiter schützen, der **nicht** Urheber ist! Wenn z. B. Moscheles heute den Mendelssohnschen Trauermarsch instrumentieren würde, so würde dieser, obwohl als Klavierstück frei, in der Orchesterfassung nicht nachgedruckt oder ohne Erlaubnis des Bearbeiters aufgeführt werden dürfen, da dieser eben hinsichtlich des bearbeiteten Werkes, so wie es sich nach der Bearbeitung darstellt, im Wege der Fiktion „als Urheber gilt". Das ist der

[1]) D. i. der Verstärkung und Belebung der dem Vorwurf schon eigenen, aber dort nur schwach hervortretenden Momente der Klangfarbe und des Klangcharakters (= assoziativ wirkender Klangfarbenmischung).

wahre Sinn des § 2 LMUG, der bisher scheinbar noch stets verkannt wurde.

Möglicherweise wäre auch dieser Fehler vermieden oder doch schon eher beseitigt worden, wenn nicht auch hier wieder Tonwerks- und Schriftwerksrecht eine unglückliche Verbindung eingegangen wären. Es wurde ja oben schon hervorgehoben, daß der begriffliche Gegensatz zwischen Schöpfung und Bearbeitung erst im musikalischen Urheberrecht scharf hervortritt, während man bei der literarischen Übersetzung zweifelhaft sein kann (vgl. Birkmeyer, S. 19ff., und die dort angeführten Autoren). Um so stärker muß aber darum nur betont werden, daß diese Zweifel für den Bereich der Tonkunst den aufgestellten Satz nicht berühren, vielmehr höchstens beweisen, daß auch hier wieder Literatur und Tonkunst zu Unrecht verbunden werden. Daß nämlich auch im Sinne des Gesetzgebers für das musikalische Urheberrecht ein prinzipieller Unterschied zwischen Schöpfung und Bearbeitung zu machen ist, beweist weiterhin Abs. 2 des § 2 LMUG; das Spielen eines Tonwerkes für ein Reproduktionsinstrument oder das Singen ins Grammophon wird hier ausdrücklich der Bearbeitung eines Werkes gleichgestellt, und doch kann dabei von einer formgestaltenden Tätigkeit, wie sie die Sachverständigenkammer auch für die zu schützenden Bearbeitungen fordert (Gutachten S. 243, 258, 263, 269), auch nicht im entferntesten mehr die Rede sein. Und endlich wird auch in § 12 Ziff. 4, 5 LMUG, wo das Gesetz Beispiele für musikalische „Bearbeitung" gibt, nur von solchen Tätigkeiten gesprochen, die Substanz und Form des Werkes unangetastet lassen und nur die Klangmittel berühren, während in charakteristischem Gegensatz dazu bei der „Benutzung" (§ 13 Abs. 2 LMUG.) Substanzteile des Werkes aus der Form gelöst und einer „neuen Arbeit zugrunde gelegt" sein müssen. Schöpfung und Bearbeitung sind nach dem geltenden Recht also begriffliche Gegensätze und gesondert geschützt: erstere durch § 1 Ziff. 2, letztere durch § 2 LMUG.

§ 22. b) Die Grenzlinie: Der Rechtsbegriff der Bearbeitung. Die Durchführung dieser getrennten rechtlichen Beurteilung ist jedoch nur möglich, wenn die Grenzlinie klar erkennbar gezogen ist. Bei Lösung dieser Aufgabe soll auch wieder die oben (§ 16) aufgestellte neue Definition des Tonwerksbegriffs ihre Zuverlässigkeit bewähren — wiederum an einem Punkte, wo die bisherigen Bestimmungen keine Klarheit schaffen konnten.

Daß nämlich von Theorie und Praxis immer noch die Bearbeitung als unter den Begriff des Tonwerks fallend angenommen wird, ist nur darauf zurückzuführen, daß eben überall noch die Ansicht herrscht, die vage Vorstellung des „Erzeugnisses individueller Geistestätigkeit" vermöge das Wesen des Tonwerksbegriffes zu erschöpfen. Dieser allgemeinen Forderung genügen freilich auch die Bearbeitungen; das beweist aber nicht, daß Bearbeitungen auch Tonwerke sein können, sondern umgekehrt, daß eine Bestimmung, die zwei so starke ästhetische und auch vom Gesetzgeber sichtlich anerkannte Gegensätze deckt, das Wesen keines der beiden erfaßt. Erst die hier aufgestellte Tonwerksdefinition gibt die Handhaben zur praktischen Durchführung der Scheidung. Sie fordert vom Tonwerk den Zweck tonkünstlerischer Spielwirkung und den Erfolg tonkünstlerischer Arbeit in geschlossener Form. Der musikalische Zweck dürfte auch bei den Bearbeitungen regelmäßig vorhanden sein, und ebenso sind sie gleichfalls musikalische Arbeitsprodukte, wie schon aus ihrem Namen hervorgeht (vgl. auch Schuster, S. 74; oben § 19). Ein Unterschied liegt jedoch in der Art der Arbeit. „Urheber eines Werkes ist dessen Verfasser", sagt § 2 Abs. 1 Satz 1 LMUG. Das wesentlichste Merkmal des Tonwerks ist seine geschlossene Form, seine organische Einheit. Das Verfassen dieser Einheit, dieser Form ist Schöpfung, ist Urheberschaft. Es ist weder wesentlich, daß die Substanz des Werkes, die eigentümlichen „tonalen und rhythmischen Zusammenhänge" — die Schuster allein schon für das Werk hält —, eine erfinderische Neuschöpfung, noch daß der Gebrauch des angewandten Formtyps an und für sich etwas Neues sei, aber die jeweilige Formung der jeweiligen Substanz muß selbständig gearbeitet, geschaffen sein. Es ist also vollkommen richtig, wenn Schuster (oben § 19) „Variationen, Phantasien, Kompositionen jeder Art, selbst sog. Kadenzen" — auch Seccorezitative [1]) —, da sie „Verarbeitungen gegebener fremder oder eigener Tonsätze sind", zu den eigentlichen Kompositionen (Tonwerken) zählt. Diesen selben Standpunkt nimmt auch das LMUG ein (§ 13 Abs. 2), wenn es (vgl. schon oben § 21) von „freier Benutzung" spricht und diese dahin definiert, daß die Substanz zwar nicht durchgängig neu erfunden zu sein braucht,

[1]) Freie melodische Ausführungen eines dramatischen Dialoges, die mitunter auf die ariosen (= streng formellen) Teile thematisch Bezug nehmen.

aber einem anderen Werke nur „entnommen“ werden darf und selbständig geformt sein muß. Den „Werken der Tonkunst“, unter welchem Begriff wir also Originalschöpfungen und Verarbeitungen zusammenfassen müssen [1]), stehen danach die „Bearbeitungen“ gegenüber, bei denen entweder Substanz und Form unangetastet bleibt (Arrangements, Instrumentierungen, Auszüge, Ausgaben mit musikalischen Ausführungsanweisungen, mechanisch festgehaltene Wiedergabe) oder aber die Substanz zwar eine Erweiterung erfährt, aber im Rahmen der Form! Zu dieser letzteren Gruppe von Bearbeitungen gehört jede Ausgestaltung und Ergänzung von gegebenen, d. h. mindestens in formaler Skizze vollendeten Tonwerken [2]), also Harmonisierungen jeder Art, Ausschreiben bezifferter Bässe, Akzidenziensetzung bei Werken alter Meister, Verzierungen beim Vortrag von Konzertstücken, Figurationen, soweit sie die Substanz des Originals nur erweitern, nicht ändern. Wenn Schuster die Ergänzung eines in Generalbaßbezifferung aufgezeichneten Tonsatzes als „Hinzukomponieren eines neuen Tonsatzes“ bezeichnet (vgl. oben § 19), so verkennt er damit gerade das wichtigste ästhetische Kennzeichen eines Tonwerkes (oder Tonsatzes): seine innere Einheit; das Aussetzen der Bässe ist nichts Urheberisches, da eine gegebene Substanz in gegebener Form beibehalten wird. Dasselbe gilt auch von der Harmonisierung gegebener Melodien. Die Unterscheidung nach Wert und praktischer Bestimmung („Schulgebrauch“!) ist schon oben (§ 8) als für das Urheberrecht unbrauchbar zurückgewiesen. Mag eine Harmonisierung noch so schwer, eigenartig und wertvoll sein, und eine andere noch so leicht, banal und schematisch, so bleibt doch beides begrifflich der Erfolg derselben Tätigkeit; denn auch die eigenartigste Harmonisierung „trägt die Melodie in sich“ sonst ist es eben keine Harmonisierung (= harmonische Ausdeutung) dieser Melodie. Auch hier, wie bei jeder Bearbeitung, ist ein Tonwerk vorhanden [3]), dessen Substanz bei Wahrung seiner Form nur durch Zusätze ergänzt wird.

---

[1]) So auch Allfeld, Kuhlenbeck, Daude bei unklarer Terminologie; vgl. oben § 18.

[2]) Die Vollendung des Mozartschen „Requiem“ durch Süßmayr wird man jedoch, da einzelne Sätze vollständig von ihm geschaffen sind, als eine Teilurheberschaft bezeichnen müssen (gegen Allfeld; vgl. oben § 18).

[3]) Oder nicht; dann kann es durch die Harmonisierung auch keines werden (vgl. den „Übergang“ auf S. 12 und das auf S. 69f. über Harmonie-

Es läßt sich also tatsächlich auf Grund der neu aufgestellten Definition der Tonwerksbegriff auch gegen den der Bearbeitung abgrenzen:

Das Tonwerk verlangt neben dem musikalischen Spielzweck eine geschlossene Form als Erfolg tonkünstlerischer Arbeit. Alle akustischen Erzeugnisse, welche dieses Erfordernis erfüllen, sind „Werke der Tonkunst" im Sinne des § 1 Ziff. 2 LMUG (auch die „freien Benutzungen" des § 13 Abs. 2 LMUG).

> **Alle Erzeugnisse aber, die sich als Erfolg einer tonkünstlerischen Arbeit an einem bereits vorhandenen Tonwerk unter Wahrung von dessen Substanz und Form (Wiedergabe oder akzidentielle Veränderung) darstellen, sind nicht „Werke der Tonkunst", sondern „Bearbeitungen eines Werkes" im Sinne der §§ 2, 12 LMUG.**

§ 23. c) Anwendung der Begriffsbestimmung, namentlich zur Kennzeichnung des Potpourri. Diesem Grundsatz gegenüber erhebt sich vielleicht noch der Zweifel, ob nicht aufgezeichnete Bearbeitungen in demselben Sinne wie die früher (§ 12) genannten Erzeugnisse, die keine erkennbare Form besitzen, als Tonwerke angesehen werden könnten, doch ist diese Unsicherheit leicht zu beheben. Bei den obenerwähnten Erzeugnissen ist nur nicht mit Sicherheit zu entscheiden, ob eine Form in musikalisch-technischem Sinne vorhanden ist; dies wird jedoch vermutet. Bei den Bearbeitungen aber ist eine Form erkennbar vorhanden, nur ist sie nicht der Erfolg der Tätigkeit des Bearbeiters, sondern von ihm unberührt. Was sollte man also hier vermuten, wo alles einwandfrei zu beurteilen ist? Zweifel könnten hier nur allenfalls über die Behandlung der nicht frei erfundenen Erzeugnisse aufsteigen, bei denen wir nicht wissen, entweder ob der Vorwurf ein Tonwerk ist, oder ob dessen Substanz und Form beibehalten ist (Beispiel: „Bearbeitungen" exotischer Volksmusik). Hier kann dafür eine Vermutung Platz greifen, daß der Autor eine „neue Arbeit", also ein Werk der Tonkunst geschaffen hat, nicht eine Bearbeitung!

Danach ist endlich auch die umstrittene Potpourrifrage prinzipiell und künstlerisch wie rechtlich gleich befriedigend lösbar. Maßgebend hierfür ist die formgebende Tätigkeit, nur freilich

---

lehrbeispiele Gesagte), und diese ist darum rechtlich unerheblich, da § 2 LMUG nur von „Bearbeitungen eines Werkes" spricht.

nicht in dem unklaren Sinne der Gutachten (vgl. oben § 20). Es ist oben (§ 12) nachgewiesen worden, daß ein modulatorischer Übergang als solcher noch kein Tonwerk ist. Ebensowenig kann der dort erwähnte Begleiter durch solche Übergänge alle an dem Abend gesungenen Lieder zu „einem selbständigen musikalischen Werk" machen. Nichts wesentlich anderes aber bewirkt der Autor von Potpourris; er ist den Herausgebern von einzelnen Teilen zusammengesetzter Tonwerke, z. B. Bruchstücken moderner Tondramen — hauptsächlich Monologen und „übergehenden" Orchestervorspielen — mit Anfügung selbständiger Schlüsse, gegenüberzustellen. Denn er vereinigt mehrere Tonwerke oder formal abgeschlossene Teile von Tonwerken unter wesentlicher Beibehaltung ihrer Substanz und Form miteinander durch Herstellung von Übergängen. Diese Übergänge aber vermögen nicht, die zusammengefaßten Tonwerke als eine „neue Arbeit" im Sinne des § 13 Abs. 2 LMUG erscheinen zu lassen. Vielmehr ist das Ganze lediglich eine zusammenfassende „Bearbeitung" verschiedener Tonwerke, bei der diese selbständigen Sätze nur scheinbar unselbständig gemacht werden, so wie umgekehrt in den vergleichsweise angeführten Einzelausgaben „übergehender" Gesangs- und Orchestersätze die nur scheinbar unselbständigen Tonwerksteile auch äußerlich verselbständigt werden. Sobald eine wirkliche neue formale Einheit zustande gekommen ist, z. B. eines Walzers, oder auch nur einer Phantasie über ein gegebenes Thema (vgl. oben § 12), kann man von einem Potpourri nicht mehr reden, sondern dann liegt eben ein Walzer oder der Variationentyp vor: das Potpourri als solches ist nicht Tonwerk, sondern nur Bearbeitung. Indes ist es darum noch nicht schutzlos, sondern wie alle Bearbeitungen gedeckt durch die Fiktion des § 2 LMUG, das Mittel des Gesetzgebers, um neben dem Schöpfer der Tonwerke, dem in § 1 bedachten Komponisten, auch dem Bearbeiter und nachschaffenden Musiker für die geleistete künstlerische Arbeit die Wohltat des Rechtsschutzes zu erweisen.

Literatur-Verzeichnis.

Allfeld, Kommentar zu den Gesetzen über das Urheberrecht an Werken der Literatur und Tonkunst und über das Verlagsrecht (1902).

Begründung: Erläuternde Bemerkungen zum Entwurf (siehe dort) (1899).

Bestimmungen: Bestimmungen des Reichskanzlers über die Zusammensetzung und den Geschäftsbetrieb der Sachverständigenkammern für Werke der Literatur und Tonkunst vom 13. September 1901. Zentralblatt für das Deutsche Reich, S. 337.

Birkmeyer, Die Reform des Urheberrechts. Kritische Bemerkungen zum Entwurf eines Gesetzes betr. das Urheberrecht an Werken der Literatur und Tonkunst (1900).

Capellen, Fortschrittliche Harmonie- und Melodielehre (1908).

Cohen, Ästhetik des reinen Gefühls. System der reinen Philosophie, 3. Teil (1912).

Dambach, Die Gesetzgebung des Norddeutschen Bundes betr. das Urheberrecht an Schriftwerken, Abbildungen, musikalischen Kompositionen und dramatischen Werken (1871).

Daude, Die Reichsgesetze über das Urheberrecht an Werken der Literatur und Tonkunst und das Verlagsrecht (1910).

Diez, Allgemeine Ästhetik (1912).

E: Entwurf eines Gesetzes betr. das Urheberrecht an Werken der Literatur und Tonkunst. Amtliche Ausgabe (1899).

Endemann, Das Gesetz vom 11. Juni 1870 betr. das Urheberrecht an Schriftwerken, Abbildungen musikalischen Kompositionen und dramatischen Werken (1871).

Freiesleben, Recht und Tonkunst (1914).

Gierke, Deutsches Privatrecht, Bd. I. Bindings Handbuch der Deutschen Rechtswissenschaft, 2. Abt., 3. Teil (1895).

Grunsky, Musikästhetik (1907).

Gutachten: Gutachten der Königl. Preuß. Musikal. Sachverständigenkammer für Werke der Literatur und Tonkunst in den Jahren 1902 bis 1907, herausgegeben von Daude (1907).

Halm, Von zwei Kulturen der Musik (1913).

Halm, Die Symphonie Anton Bruckners (1914).

Klostermann, Das Urheberrecht an Schrift- und Kunstwerken, Abbildungen, Kompositionen, Photographien, Mustern und Modellen (1876).

Koch, Abriß der Instrumentenkunde (1912).
Kohler, Die Idee des geistigen Eigentums. Archiv für die zivilistische Praxis, Bd. LXXXII. (1894).
Kohler, Zur Konstruktion des Urheberrechts. Archiv für das bürgerliche Recht, Bd. X (1895).
Kohler, Kunstwerk: Das literarische und artistische Kunstwerk und sein Autorschutz (1892).
Kohler, Recht: Recht und Persönlichkeit in der Kultur der Gegenwart (1914).
Kohler, Urheberrecht: Urheberrecht an Schriftwerken und Verlagsrecht (1906).
Krehl, Musikalische Formenlehre (Kompositionslehre) (I. 1914, II. 1911).
Kuhlenbeck, Das Urheberrecht an Werken der Literatur und Tonkunst und das Verlagsrecht (1901).
L M U G: Gesetz vom 19. Juni 1901 betr. das Urheberrecht an Werken der Literatur und Tonkunst, in der Fassung der Novelle vom 22. Mai 1910.
Mandry, Das Urheberrecht an literarischen Erzeugnissen und Werken der Kunst. Ein Kommentar zu dem Königlich Bayerischen Gesetz vom 28. Juni 1865 (1867).
Mitteis, Zur Kenntnis des literarisch-artistischen Urheberrechts nach dem österreichischen Gesetz vom 26. Dezember 1895. Wiener Festschrift für Unger (1898).
Riemann, Grundlinien: Grundlinien der Musikästhetik. Hesses Illustrierte Katechismen, Bd. XVII (1903).
Riemann, Grundriß: Grundriß der Musikwissenschaft (1908).
Riemann, Lexikon: Musiklexikon. 7. Aufl. (1909).
R G Z: Entscheidungen des Reichsgerichts in Zivilsachen, Bd. XXII (1889).
Schlittgen, Das Urheberrecht (1908).
Schmitz, Musikästhetik. Handbücher der Musiklehre, Band XIII (1915).
Schreyer, Lehrbuch der Harmonie und der Elementarkomposition. Neue Ausgabe der „Harmonielehre“ (1911).
Schuster, Das Urheberrecht der Tonkunst in Österreich, Deutschland und anderen europäischen Staaten (1891).
Wächter, Das Verlagsrecht mit Einschluß der Lehren von dem Verlagsvertrag und Nachdruck, 2. Hälfte (1858).
Windelband, Einleitung in die Philosophie. Medicus' Grundriß der philosophischen Wissenschaften, Band I (1914).

GPSR Compliance

The European Union's (EU) General Product Safety Regulation (GPSR) is a set of rules that requires consumer products to be safe and our obligations to ensure this.

If you have any concerns about our products, you can contact us on ProductSafety@springernature.com

In case Publisher is established outside the EU, the EU authorized representative is:

Springer Nature Customer Service Center GmbH
Europaplatz 3
69115 Heidelberg, Germany

Batch number: 10844623

Printed by Printforce, the Netherlands